ﾍUS PREUSSEN

burg-

Wilhelm
Zeitz

Albrecht
ⵀ Maria Dorothea
v. Kurland

Karl
ⵀ Katharina
v. Balbiano

Elisabeth
ⵀ Friedrich Kasimir
v. Kurland
ⵀ Christian Ernst
v. Brandenburg-Bayreuth
ⵀ Ernst Ludwig
v. Sachsen-Meiningen

Christian

---

rike
Adolf Friedrich
Holstein-Gottorp,
nig v. Schweden

August-Wilhelm
ⵀ Luise v. Braunschweig-Wolfenbüttel-Bevern

Amalie

Heinrich
ⵀ Wilhelmine
v. Hessen-Kassel

Ferdinand
ⵀ Luise v. Brandenburg-Schwedt

744–1797)
hweig-
0)

751–1805)

Heinrich

Wilhelmine
ⵀ Wilhelm V.
v. Nassau-Oranien

---

el

Heinrich

Wilhelm
ⵀ Maria Anna
v. Hessen-Homburg

Luise
ⵀ Wilhelm
Friedrich Karl
d. Niederlande

Albrecht
ⵀ Marianne d. Niederlande
ⵀ Rosalie v. Rauch,
Gräfin Hohenau

Waldemar

Sophie
ⵀ Konstantin
v. Griechenland

Margarethe
ⵀ Friedrich Karl
v. Hessen

Oskar (1888–1958)
ⵀ Ina Marie v. Bassewitz (1888)

Joachim (1890–1920)
ⵀ Marie Auguste
v. Anhalt (1898)

Viktoria Luise (1892–1980)
ⵀ Ernst August
v. Hannover (1887–1953)

Alexandrine (1915)

Cecilie (1917)
ⵀ Clyde Kenneth Harris
(1918–1958)

VIKTORIA LUISE

IM GLANZ DER KAISERZEIT

LANGEN MÜLLER

Bildnachweis

Alle Abbildungen aus dem Archiv der Autorin.
Das Material der Verfasserin wurde ergänzt von dpa, Presse-Illustrationen Eberth (Kassel), Pressebildarchiv Hertel (Bad Berneck), Spilleke-Eichgrün (Braunschweig), Tellgmann (Eschwege) und Archiv der Buchverlage Ullstein/Langen Müller

40.–50. Tausend

Neuausgabe des bisher unter dem Titel
»Bilder der Kaiserzeit«
erschienenen Werkes

1992 Lizenzausgabe für Langen Müller
in der F. A. Herbig Verlagsbuchhandlung München

Umschlaggestaltung: Wolfgang Heinzel
Druck und Binden: Chemnitzer Verlag und Druck, Zwickau
Printed in Germany
ISBN 3-7844-2403-1

Für meine Enkel und Urenkel

Einführung

In meinen Jahren kann man als Frau ungeniert über das eigene Alter sprechen. Ja, mir scheint, in den späten Jahren ist die Verlokkung, mit dem eigenen Lebensalter zu kokettieren, nicht unbedingt geringer als in der Jugend. Wie dem auch sei, selbst der fünfundsiebzigste Geburtstag ist für mich nun schon Geschichte geworden, wenn auch »jüngere Geschichte«. Die Jahrzehnte, auf die ich zurückblicken kann, sind angefüllt mit einem Übermaß an Erleben und Erfahren, im privaten Bereich wie im großen Geschehen der Zeit. Auf welchen Höhen ist unser Volk in dieser langen Zeitspanne gewandelt – in welche schrecklichen Tiefen ist es hinabgestürzt!

Über fünfzig Jahre liegt die Kaiserzeit jetzt hinter uns. Details und Konturen verschwimmen. Gewaltige Wandlungen haben sich seitdem in unserer Welt vollzogen. Ist es übertrieben, wenn man gelegentlich glauben möchte, Jahrhunderte seien seit damals vergangen? Dennoch: Für viele strahlt die Kaiserzeit in die unruhige und zerstrittene Gegenwart herüber wie das Paradies, ein Hort des Friedens und der Ordnung. Anderen wiederum ist sie noch immer Objekt der Kritik. Was man aber auch sagen mag, das vor einhundert Jahren geschaffene Deutsche Reich, jenes große Einigungswerk, ist trotz aller Schicksalsstürme bis auf den heutigen Tag das Fundament des Gedankens der Wiedervereinigung und der Hoffnung unseres Volkes geblieben. –

Ich wurde gebeten, über meine persönlichen Erinnerungen zu berichten. Zögernd und nicht ohne Skepsis bin ich dem Wunsche gefolgt. Ich legte zwei Bände vor, in denen ich zu Papier brachte, was sich nach meinem Urteil als wesentlich für die Epochen, über die es zu schreiben galt, erwiesen hat. Immer wieder werde ich seitdem gefragt, ob und wann ein weiterer, ein dritter Bericht erscheinen würde. Gewiß, es gibt manches Detail, das es verdient, nachgetragen zu werden. Aber ich möchte mich diesem Anliegen gleichwohl versagen.

Anders stand es mit der wiederholt gestellten Frage nach einer Bild-Dokumentation. Eine Zeit oder eine geschichtliche Persönlichkeit im Bilde darstellen – da gab es Perspektiven, die mich unmittelbar berührten. Wie oft hatte ich mit Bezug auf meinen Vater das Dichterwort zitieren gehört: »Von der Parteien Gunst und Haß verwirrt, schwankt sein Charakterbild in der Geschichte.« Eben, so sagte ich mir, sein Bild, das Bild seiner Regierung, von Freund und Feind, wohlmeinend oder abträglich gezeichnet, ist ein subjektives und zumeist konstruiertes Bild.

Diesem Bild steht ein anderes gegenüber, das nicht von Sentiment oder Ressentiment, sondern von der Wirklichkeit selbst geschaffen wurde: das von der Kamera festgehaltene Foto. Ihm kommt als Zeugnis eine andere Bedeutung zu als dem gesprochenen oder geschriebenen Wort. Es ist unbestechlich und damit ein unverdächtigerer Zeuge.

Längst ist die fotomechanische Wiedergabe zum selbstverständlichen und unentbehrlichen Hilfsmittel in Industrie, Wissenschaft und Forschung geworden. Nicht zuletzt die Exaktheit der Fixierung ist es, die ihren Wert ausmacht. Doch auch im privaten Leben, in der Familie, ist die Fotografie seit vielen Jahren ein alltägliches und beliebtes Mittel, die Erinnerung unverfälscht gegenwärtig zu halten. 1841 war auf Veranlassung Friedrich Wilhelms IV. das erste Fotoatelier in Berlin im Schloß Monbijou eingerichtet worden. Man sprach noch nicht von Fotografie, man nannte die neue Kunst Daguerreotypie, nach dem französischen Maler Louis Jacques Daguerre, der sie wenige Jahre zuvor entdeckt hatte. Das fotografische Verfahren blieb zwar zunächst mit mancherlei Mängeln behaftet und zudem eine etwas exklusive Angelegenheit, aber wir verdanken ihm schon aus der Mitte des vorigen Jahrhunderts eine Anzahl von Porträtaufnahmen, die uns das Bild der Großen jener Epoche genauer überliefern als liebevoll oder beflissen verschönende Studien von Künstlerhand, wie sie uns in so reicher Zahl aus früheren Jahrhunderten überkommen sind.

In meiner Jugendzeit begann das Fotografieren auch den Amateuren zugänglich zu werden. Die Apparate waren nicht gerade handlich, und es gab zahlreiche Pannen, aber wir betrieben diese Beschäftigung mit großer Passion. Fotografieren war für meine Brüder August Wilhelm und Oskar, für einige der jüngeren Hofdamen und auch für mich – wie man heute sagt – ein Hobby. Daß ich mit einer Kamera ausgerüstet einherging, müssen Beobachter als für mich charakteristisch angesehen haben. Jedenfalls hat mir der große Karikaturist Olaf Gulbransson bei einer Zeichnung zu meiner Hochzeit ein solches Instrument in die Hand gegeben.

Mein Hobby führte zu einer üppigen Bilderproduktion. Die Menge stand allerdings in keinem rechten Verhältnis zur Qualität. Ich gestehe offen, ich habe auf diesem Gebiet auch später nicht viel dazugelernt. Das Motiv interessierte mich im allgemeinen mehr als die Technik der Aufnahme. Was immer mir jedoch einigermaßen gelungen dünkte, wurde zusammen mit Fotos, die von den Brüdern oder den Hofdamen aufgenommen worden waren, in Alben eingeklebt und beschriftet. Jetzt, beim Durchblättern, mußte ich beschämt und belustigt zugleich feststellen, daß anfänglich Handschrift und Orthographie nicht selten noch hinter den mangelhaften Resultaten meiner fotografischen Bemühungen zurückblieben. Wieviel schöner nimmt sich da die wie gestochene Schrift meines Großvaters Kaiser Friedrichs III. aus, mit der dieser seine Fotoalben beschriftet hat. Wie durch ein Wunder sind die meisten meiner Fotos erhalten geblieben. Nach der Heirat waren die Alben mit umgezogen. Von Potsdam nach Rathenow, der Garnison meines Mannes. Von dort ins Braunschweiger Schloß. Als die Wirren der Revolution von 1918 abgeklungen waren, hatten sie überlebt. Ich nahm sie zu mir in unser neues Heim im oberösterreichischen Gmunden. Dann zogen wir wieder einmal um, dieses Mal auf unser Schloß Blankenburg am Harz. Die Alben blieben zurück – durch Zufall. 1945 mußten wir Blankenburg räumen, da es von den sowjetischen Truppen besetzt wurde. Niemand würde sich bei dem eiligen Aufbruch der Bilder erinnert oder angenommen haben. Sie wären verloren, hätten sie nicht derweil ihren Platz am Traunsee gehabt. Von dort gelangten sie später nach Braunschweig.

Diese Fotoalben sowie Aufnahmen, die meine Mutter gemacht hat, sind es, die Ausgangspunkt und Grundlage des hier veröffentlichten Bildbandes wurden. Sie waren der Öffentlichkeit bisher beinahe ausnahmslos nicht bekannt. Ich konnte mich jedoch nicht auf sie allein beschränken. Das Thema war weiter zu fassen: nämlich ein wirklichkeitsgetreues Bild meines Vaters und seiner Umwelt. Dazu bedurfte es der Heranziehung von Bildmaterial auch von dritter Seite. Hier habe ich vor allem einigen Verwandten für die große Bereitwilligkeit zu danken, mit der sie mich unterstützt haben. Weiter erwies es sich als zweckmäßig und notwendig, den Fotos Dokumente beizugeben. Ohne ihre Einschaltung wäre die Vollständigkeit der Darstellung kaum zu erreichen gewesen.

In einigen Fällen gelangten Gemälde oder Zeichnungen zum Abdruck. Der Leser wird unschwer sehen, daß es sich dabei zumeist um Abbildungen von Ereignissen handelt, die fotografisch nicht festgehalten worden sind. Ein Grund für ihre Wiedergabe sind auch die besonders gelungenen ausdrucksvollen Bildnisse selbst und, soweit es sich um Motive aus den königlichen Schlössern handelt, ihre Anschaulichkeit.

Dem Sinne dieses Buches folgend, steht also das Bild im Vordergrund. In meinen Büchern »Ein Leben als Tochter des Kaisers« und »Im Glanz der Krone« habe ich ausführliche Beschreibungen gegeben. Hier soll kein weiterer Memoirenband im üblichen Sinne vorgelegt werden. Hier soll das Bild sprechen, nicht das Wort. Der Begleittext ist nur von zweitrangiger Bedeutung; er dient lediglich der notwendigen Erläuterung.

So hoffe ich, daß es gelungen ist, ein getreues Porträt der Lebenssphäre meines Vaters und seiner Zeit zu geben, jener Epoche, die als die »Wilhelminische Zeit« in die Geschichte eingegangen ist.

Braunschweig, im Oktober 1969

Man schrieb den 18. Januar 1871

Im »Salon de la Paix« des Schlosses von Versailles hatten die Mitglieder einer Ehrenabordnung der preußischen und bayerischen Armee Aufstellung genommen – für ein Erinnerungsfoto. Sie waren von den Regimentern entsandt, die vereint mit den Truppen der anderen deutschen Staaten Sieg auf Sieg erfochten hatten. Offiziere, Unteroffiziere und Mannschaften der Deputation waren nach Versailles befohlen, um der Kaiserproklamation beizuwohnen. Der feierliche Akt der Neugründung des Deutschen Reiches trug ein soldatisches Gewand. Verständlich, denn sie war die Frucht eines militärischen Bündnisses. Ausländischen Versuchen, Wilhelm I. zu einem Abbruch der Operationen und der politischen Zielsetzungen zu bewegen, hielt er entgegen: »Es ist leicht, das zu verwerfen, was geschieht, ohne etwas Haltbares an die Stelle zu setzen.« Was damals geschaffen wurde, erwies sich als haltbar: Europa erhielt für ein halbes Jahrhundert Frieden und Wohlstand geschenkt.

Die Kaiserproklamation

Auf der Estrade: von links Herzog v. Coburg, Herzog v. Anhalt, Karl v. Preußen, August v. Württemberg, Adalbert v. Preußen, Wilhelm Eugen v. Württemberg, Erbgroßherzog v. Weimar, Georg v. Sachsen, Kronprinz v. Sachsen, Fürst v. Schwarzburg-Rudolstadt, mein Großvater Kronprinz Friedrich, Wilhelm v. Württemberg, Großherzog v. Weimar, Unteroffizier Förster mit der Fahne des Füsilier-

Btls. des Königs-Grenadier-Rgts., Sergeant Koers, Wilhelm I., Großherzog v. Oldenburg, Erbgroßherzog v. Mecklenburg-Strelitz, Herzog v. Sachsen-Meiningen, Großherzog v. Baden, Eugen Erdmann v. Württemberg, Erbprinz v. Meiningen, Erbgroßherzog v. Mecklenburg-Schwerin, Herzog v. Altenburg, Otto v. Bayern, mein Großvater Herzog Friedrich v. Schleswig-Holstein-Augustenburg, Leopold v. Bayern, Luitpold v. Bayern, Landgraf Friedrich v. Hessen, Fürst v. Schaumburg-Lippe, Heinrich VII. v. Reuß, Erbprinz Leopold v. Hohenzollern.

Die Paladine Wilhelms I.

Otto v. Bismarck, dessen überragender Staatskunst die Schöpfung des Reiches gelang – Helmuth v. Moltke, der geniale Stratege – Albrecht v. Roon, der die große preußische Armee der Einigungskriege aufbaute.

Die Präambel der Verfassungsurkunde des Deutschen Reiches

»Seine Majestät der König von Preußen im Namen des Norddeutschen Bundes, Seine Majestät der König von Bayern, Seine Majestät der König von Württemberg, Seine Königliche Hoheit der Großherzog von Baden und Seine Königliche Hoheit der Großherzog von Hessen und bei Rhein für die südlich vom Main belegenen Teile des Großherzogtums Hessen, schließen einen ewigen Bund zum Schutze des Bundesgebietes und des innerhalb desselben gültigen Rechtes, sowie zur Pflege der Wohlfahrt des Deutschen Volkes. Dieser Bund wird den Namen Deutsches Reich führen.«

Wilhelm I.

Seit 1861 König von Preußen. 1871 Deutscher Kaiser.

Das Kaiser-Wilhelm-Palais

Das Kaiser-Wilhelm-Palais Unter den Linden (oben) hatte dem General von Tauentzien gehört, bevor mein Urgroßvater es erwarb. Langhans hatte es umgebaut, nachdem sich Pläne Schinkels als zu kostspielig erwiesen hatten. Fast 60 Jahre hat es mein Urgroßvater bewohnt. Sein Arbeitszimmer lag an der Ecke nach den Linden und dem Opernplatz zu, gegenüber dem von Rauch geschaffenen Reiterdenkmal Friedrichs des Großen. Jedermann wußte: Wann immer die Wache vorbeizog, trat Wilhelm I. an das Fenster neben seinem Schreibtisch, um ihr zuzusehen.

Die letzte Aufnahme Wilhelms I. zeigt ihn am historischen Eckfenster seines Palais, am 3. März 1888, 6 Tage vor seinem Tode (rechts). Viele Berliner hatten sich eingefunden, um dem Kaiser wie immer, wenn er sich dort zeigte, zuzujubeln.

Die Familie meiner Großeltern

Von links Prinz Heinrich, meine Großeltern, Prinzessin Margarethe, mein Vater, Prinzessin Charlotte. Sitzend Prinzessin Viktoria, Prinzessin Sophie und der frühverstorbene Prinz Waldemar.

Kaiser Friedrich III.

Unser Volk kannte und liebte meinen Großvater als den siegreichen Feldherren. In der Bevölkerung nannte man ihn »Unsern Fritz«. Seine Anschauungen waren liberal und von Toleranz bestimmt.

Der kranke Kaiser

Nur 99 Tage währte die Regierungszeit Friedrichs III. Bei seiner Thronbesteigung war er schon vom Tode gezeichnet. Das Gemälde von Georg Koch zeigt die einzige Truppenschau, die mein Großvater als Kaiser abnehmen konnte: den Vorbeimarsch der 2. Garde-Infanterie-Brigade, deren Komman-

deur damals mein Vater war (zu Pferd links neben dem Wagen meines Großvaters) im Park des Schlosses Charlottenburg.

Meine Eltern als Verlobte im Juni 1880

Meine Mutter war die Tochter des Herzogs Friedrich von Schleswig-Holstein-Sonderburg-Augustenburg (linke Seite oben in bayerischer Generalsuniform).

Ihr Geburtsort war Gut Dolzig in der Niederlausitz (linke Seite unten), wo der »Augustenburger« zunächst wohnte, nachdem er auf dänischen Druck seine Heimat verlassen hatte.

Primkenau

Als meine Mutter 10 Jahre alt war, übersiedelte sie mit ihren Eltern nach der Herrschaft Primkenau im Kreise Sprottau (links oben). Die Hofhaltung Herzog Friedrichs war sehr begrenzt. Man führte ein schlichtes und zwangloses Landleben.
Darunter ein Bild vom ersten Besuch meiner Mutter in Primkenau nach ihrer Heirat.
Oben das Jungmädchenzimmer meiner Mutter.

Die Thronbesteigung meines Vaters

Im Weißen Saal des königlichen Schlosses zu Berlin eröffnete mein Vater den Reichstag, der anläßlich seiner Thronbesteigung einberufen war. Am Fuße des Thrones, wie in Versailles, Bismarck.

Links neben dem Kaiser Prinzregent Luitpold von Bayern und König Albert von Sachsen, rechts meine Mutter mit meinem damals sechsjährigen Bruder Wilhelm. In der vorderen Gruppe die Abgeordneten v. Bennigsen, v. Miquel und Windthorst.

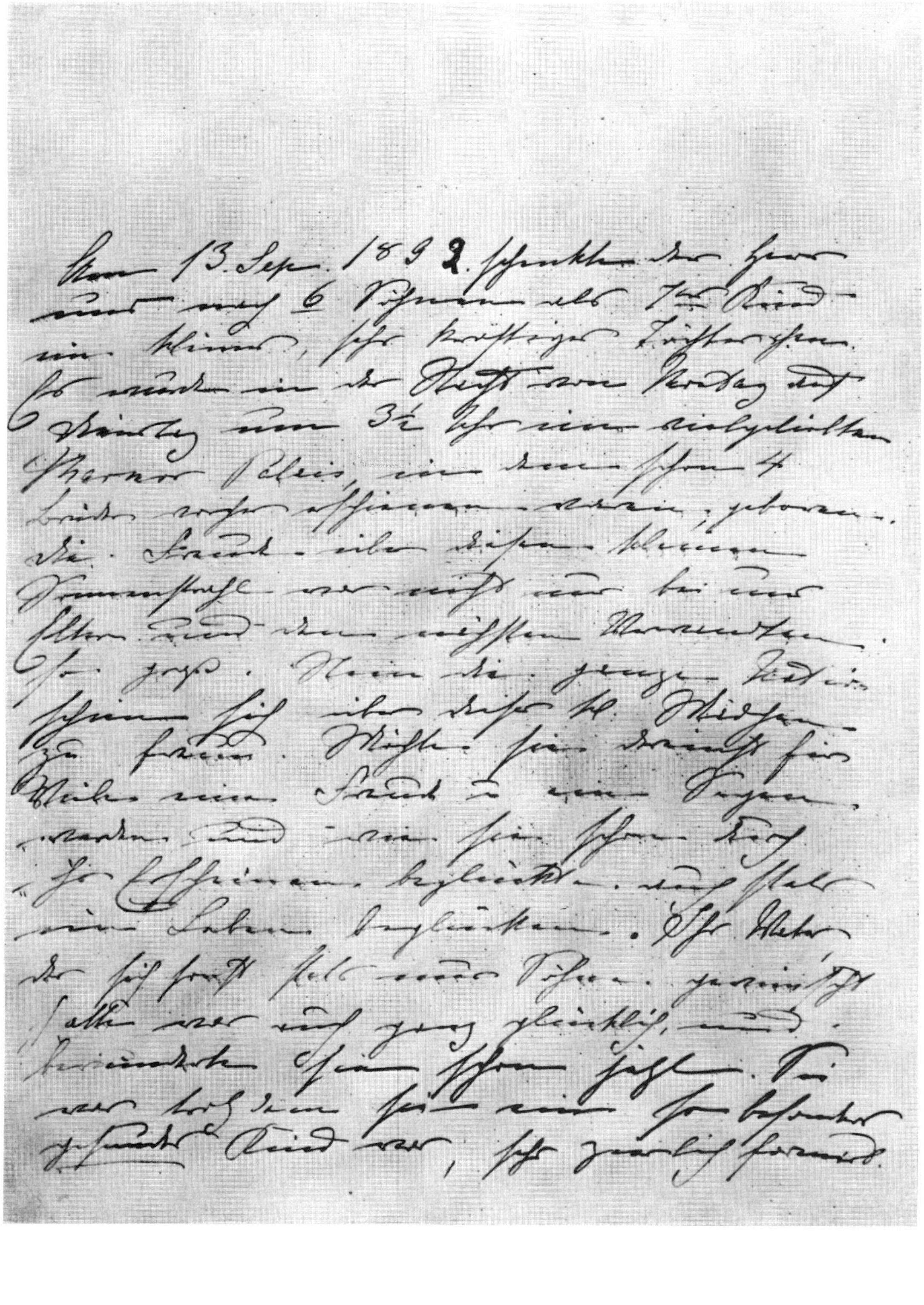
Am 13. Sep. 1892 schenkte der Herr
uns noch 6 Söhnen als 7tes Kind
ein kleines, sehr kräftiges Töchterchen.
Es wurde in der Nacht vom Montag auf
Dienstag um 3½ Uhr eine vielgeliebten
[illegible], die denen schon 4
Brüder [illegible] waren, geboren.
Die Freude über dieses kleine
Himmelsgeschenk war nicht nur bei uns
Eltern und den meisten Verwandten
sehr groß. Nein die ganze Stadt [illegible]
schien sich über dieses kl. Mädchen
zu freuen. Möchte sie dereinst für
Viele eine Freude u. ein Segen
werden und wie sie schon durch
ihr Erscheinen beglückte, auch stets
ein Leben beglücken. Ihr Vater
der sich sonst sehr nach Söhnen gewünscht
hatte war auch ganz glücklich, und
bewunderte [illegible] schon [illegible]. Sie
war doch [illegible] ein so besonders
gesundes Kind war, sehr zierlich formiert.

Meine Mutter

Mit ihrer drei Monate alten Tochter.

Die Kaiserin, die über jedes ihrer Kinder ein eigenes Buch führte, in dem sie dessen Lebensweg aufzeichnete, legte 1892 ein siebentes Exemplar an. Für mich. Es begann mit der nebenstehenden Eintragung.

Im Marmorpalais

In den ersten Jahren ihrer Ehe wohnten meine Eltern im Marmorpalais (links oben). Das von Friedrich Wilhelm II. erbaute idyllische kleine Schlößchen liegt in dem vom Wasser der Havel so vielfach gegliederten Neuen Garten am Ufer des Heiligen Sees, zur Landseite hin unter schönen alten Bäumen und umgeben von herrlichen Blumenanlagen. Hier wurde ich geboren.

Oben: Gartenfest am 5. Geburtstag meines älteren Bruders.
Links unten: ein Zimmer im Marmorpalais.

Bilder meines Vaters, meiner Mutter und von mir aus dem Jahre 1908 von P.A. v. László.

Der Kronprinz

Ich wuchs mit sechs Brüdern auf, und es war mein größter Kummer, daß ich kein Junge war. Lange war mein ältester Bruder mein Idol. Der Kronprinz war der Typ eines Sportlers. Er sah blendend aus und gewann durch sein ungeziertes, natürliches Wesen schnell Sympathien.
(Gemälde von A. Schlubeck)

»Wie die Brüder ...«

Ich war in meinem Element, wenn ich, wie hier in Berchtesgaden, wie meine Brüder mit einem Holzgewehr spielen durfte oder wenn mich meine Mutter zusammen mit meinem Vater fotografierte, wie unten bei Wiesbaden.

Mit Puppen zu spielen bedeutete für mich gar nichts. Wenn schon, dann mußte es ein Husar sein (wie bei der Bescherung am Heiligen Abend im Muschelsaal des Neuen Palais).

Ein Soldatenkind

Zusammen mit meinem Vater fotografiert zu werden, war für mich ein Ereignis. Ich führte mich artig auf, und voller Stolz blickte ich in die Kamera. Die Brüder behaupteten, ich wäre dann eingebildet gewesen.

Die Schottentracht

Meine Mutter notierte in ihrem Tagebuch: »Manche Träne hat sie schon über das Mädchenkleid vergossen. Strahlend war sie, als sie in Joachims schottischem Anzug fotografiert wurde« (links oben). Im Tragen der Schottentracht spiegelte sich das enge verwandtschaftliche Verhältnis zur englischen Königsfamilie.

Unten mein Großvater auf Schloß Balmoral.

Links mein Vater.
Darunter mein Onkel Heinrich mit seiner Gemahlin und seinem Sohn Waldemar.

Lindstedt 2th May 1905.

My dear Father.

Many many thanks for the lovely china egg and also for the pretty cards you sent me. This afternoon I drove to Sacrow with my Ponies. Auntie Feo and Au-Wi went too. We drank tea in the wood, sitting on trunks of trees, afterwards walking by the waterside

Gouvernanten und Mitschülerinnen

Auch die englische Sprache war Umgangssprache in unserer Familie. Ich lernte sie eher als Deutsch. Das lag schon an Miss Matcham, meinem Kindermädchen, das ich liebevoll »Nana« nannte.
Rechts: Meine Gouvernanten Fräulein v. Saldern, Mademoiselle Lauru und Miss Topham (von links).

Schulunterricht erhielt ich mit vier anderen Mädchen, »meiner Klasse«, die zu uns ins Neue Palais kamen (links): Therese v. Richthofen, Viktoria v. Zitzewitz, Hildegard v. Borch und Erika v. d. Marwitz (von links). Neben dem Unterricht gab es Vergnügungen, etwa mit meinem Esel »Palermo«.

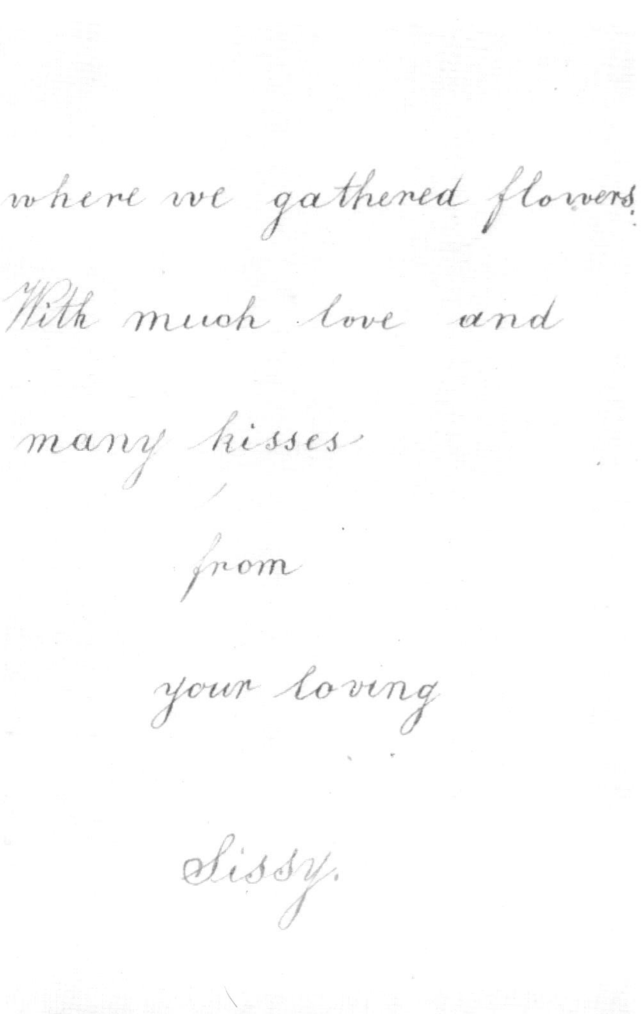
where we gathered flowers.
With much love and
many kisses
from
your loving
Sissy.

Sorglose Jugendjahre

Oben: Meine Mutter mit meinen Brüdern Joachim (im Marineanzug) und August Wilhelm. Der Terrier »Lord« gehörte August Wilhelm, »Lady«, die Dackelhündin, meiner Mutter.
Darunter: Ein Bild von mir vor einer Ausfahrt in die Umgebung des Neuen Palais. Hinter mir auf der Kalesche mein Kutscher Wengatz, rechts mein Lakai Ebert.

Oben: Beim Morgenritt mit Joachim.

Links: Mit Joachim beim »Lawn-Tennis«, wie es damals hieß: Der Tennisplatz lag in der Nähe des Teehäuschens beim Neuen Palais.

Idyllisches Landleben

Neben der Welt der großen Schlösser lag wenige Kilometer entfernt die ländliche Idylle.
Das von Friedrich Wilhelm IV. bei Eiche erbaute Schlößchen Lindstedt wurde gelegentlich von uns Kindern bewohnt. Spielgefährten waren die Zwillinge des Kastellans, Paul und Walter Prinz.

Rechte Seite: Auf Gut Bornstedt lebte die jüngste Schwester meiner Mutter, Feodora (rechts sitzend, neben ihr meine Cousinen Adelheid von Schleswig-Holstein und Viktoria Margarete von Preußen). Sie war musisch sehr talentiert. Bei meinen Besuchen genoß ich das Landleben. Besonders der Teich hatte es mir angetan.

Das Neue Palais in Potsdam

Weithin leuchtete das warme Backsteinrot dieses Prunkbaues Friedrichs des Großen, überragt von dem Grün seiner Kupferkuppel. Hier war unser Zuhause.

Unten links: Auf der Freitreppe: (neben mir nach rechts) Viktoria Gräfin Eulenburg, Elisabeth v. Saldern, Anne Topham. Daneben: Rückkehr von einer Ausfahrt.

Rechte Seite: Geburtstagsständchen für meine Mutter. Von links der Kronprinz, Georg von Griechenland, August Wilhelm, meine Schwägerinnen Charlotte und Alexandra, mein Vater (rechts im Hintergrund).

Daneben: Bollerwagen-Spiel der Söhne des Kronprinzen.

Ein friderizianisches Schloß

Das Neue Palais wurde in den Jahren 1763–69 gebaut. Nach den Notzeiten des Siebenjährigen Krieges wollte der König mit dem Bau den Künsten und dem Gewerbe zu Arbeit verhelfen. Da es unter seinen Nachfolgern kaum bewohnt wurde, gab es keine erheblichen Umbauten, und es blieb in der ursprünglichen Gestalt erhalten.

Der große Marmorsaal

Der zwei Stockwerke hohe Marmorsaal war der Hauptsaal des Neuen Palais. Marmor, wohin man sah. Doch es gab in Potsdam selten Hofveranstaltungen, die in Bedeutung und Umfang seiner Größe angemessen waren. So wurde er selten benutzt. Der Apollosaal diente als Eßsalon (links). Ich hatte meinen Platz an der Seite meines Vaters. Wenn Gäste zugegen waren, änderte sich die Tischordnung, und ich saß an der Seite oder in der Nähe meiner Mutter.

Communs, Muschelsaal und Jaspisgalerie

Ein Blick auf die »Communs«, die den Schloßhof, die »Mopke«, abschlossen. Die zwei villenartigen Gebäude waren für Gefolge und Dienerschaft wie auch für Küchen- und Wirtschaftsräume bestimmt.

Der Muschelsaal (rechte Seite oben) sucht an Schönheit in den Schlössern des Kontinents seinesgleichen.
In der Jaspisgalerie (rechte Seite unten) fanden die Paradediners statt. Ihres feierlichen Charakters wegen bediente man sich ihrer gern bei hervorragenden Anlässen. Ich wurde in ihr getauft. Hier fand auch die große Tafel zu meiner Einsegnung statt.

Das königliche Schloß zu Berlin

Linke Seite: Der Weiße Saal war der Thronsaal der preußischen Könige und später auch der deutschen Kaiser. Schon die zu ihm führende Treppe strahlte würdevollen Glanz aus.

Oben: das Eosander-Portal.

Die Residenz der preußischen Könige

Das Schloß mit Schloßplatz, Neptunsbrunnen und dem Reiterstandbild des Großen Kurfürsten. Das königliche Schloß, von Andreas Schlüter und Eosander v. Göthe gebaut, wurde nach dem Zweiten Weltkrieg dem Erdboden gleichgemacht. Es war das Residenzschloß des Kaisers in der Reichshauptstadt, Schauplatz der glänzenden Empfänge, Bälle, Couren und Feste, in denen sich der deutsche Kaiserhof repräsentierte.

Rechte Seite: Der Lustgarten mit dem Denkmal Friedrich Wilhelms III.

Cadinen

Ländlichen Frieden fand unsere Familie auf dem von meinem Vater gekauften Gut Cadinen in Westpreußen (linke Seite oben). Darunter: Kutschfahrt mit den mir vom Sultan geschenkten Ponys »Ali« und »Aladin«.

Oben mit meinen Dackeln »Waldmann« und »Lady«.

Mein Lieblingsaufenthalt war die Cadiner Gutsschmiede.

Meine Gouvernanten Lauru, Renaud und Topham beim Baden in der Ostsee.

Mit dem Dampfer »Radaune« fuhren wir über das Haff nach Kahlberg auf die Nehrung.

Wir Geschwister 1901

Von links Oskar, Eitel-Friedrich, Wilhelm, Adalbert, Joachim, August Wilhelm.

Die kleinen Prinzen

Es war Tradition, daß jeder preußische Prinz mit dem 10. Lebensjahr in die Armee aufgenommen wurde. Der Eintritt erfolgte als Leutnant in das 1. Garde-Regiment zu Fuß.

Nebenstehend Oskar am Tage seines Eintritts. Unten: Adalbert, der für die Seeoffizierslaufbahn bestimmt war, wurde in Kiel auch in die kaiserliche Marine eingestellt.

Rechte Seite oben die Einstellung August Wilhelms.

Bei der Parade hatten die kleinen Prinzen alle Mühe, mit den langen Gardesoldaten Schritt zu halten (unten).

Meine Brüder in Plön

Mit vierzehn Jahren kamen meine Brüder auf die Kadettenanstalt in Plön. Im Dienst und Unterricht trugen sie eine schmucklose strenge Montur.

Linke Seite oben: Eitel-Friedrich und Adalbert mit ihren Kameraden Graf v. d. Schulenburg, v. Cappeln und Krause.

Unten: Meine drei ältesten Brüder beim Tanzunterricht.

Rechts oben: Auf einer Halbinsel des Plöner Sees, der »Prinzeninsel«, arbeiteten sie in einem für sie eingerichteten kleinen Bauernbetrieb. Sie lernten graben, pflügen, düngen, pflanzen, säen und ernten, auch Viehhaltung mit Kuh- und Pferdestall und Federvieh.

Unten: Die Brüder wohnten mit ihrem Gouverneur v. Gontard (unten mit Oskar, August Wilhelm und Joachim) im »Prinzenhaus«, einem kleinen Barockschlößchen.

Kaiser und Kanzler

In meine früheste Kindheit fällt ein Ereignis, das damals viel diskutiert wurde. Der 75jährige Reichskanzler hatte wegen Meinungsverschiedenheiten mit dem Kaiser um seine Entlassung gebeten. Mein Vater wünschte die Aussöhnung, und Fürst Bismarck folgte 1894 einer Einladung nach Berlin zum Geburtstag des Kaisers (oben Bismarck am Arm meines Onkels Heinrich in Berlin).
Wenige Wochen später war der Kaiser Gast bei Bismarck in Friedrichsruh (rechte Seite oben). Unten: mein Bruder Wilhelm neben dem Altreichskanzler.

Der Kaiser in Palästina

Das Kaiserpaar nach der Einweihung der Erlöserkirche in Jerusalem. Im November 1898 kehrten meine Eltern von ihrer Palästinareise zurück. Gespannt lauschte ich den Erzählungen meiner Mutter.

Das Zeltlager des Kaisers

Tafel zur Erinnerung an die Einweihung der Erlöserkirche.

Unten: Das kaiserliche Zeltlager vor dem Damaskus-Tor von Jerusalem.

Die Oelberg-Stiftung

Linke Seite oben: Empfang des Kaiserpaares im deutschen Konsulat in Haifa.
Darunter: Die Kaiserin-Auguste-Viktoria-Stiftung auf dem Oelberg, ein Hospiz und Erholungsheim.

Aufstand in Ostasien

Im Jahre 1900 brach in China der Boxer-Aufstand aus. Deutsche Missionare und unser Gesandter in Peking wurden ermordet, die Gesandtschaften der Mächte von den Aufständischen angegriffen. In Bremerhaven verabschiedete der Kaiser die ersten Einheiten des Expeditionskorps für Ostasien.

»The Germans to the front!«

Das war der Befehl, den der englische Admiral Lord Seymour gab, als sein aus Amerikanern, Deutschen, Engländern, Franzosen, Japanern, Italienern und Russen bestehendes Hilfskorps das wichtige Fort Hsiku am Peiho-Fluß nehmen mußte. Das Gemälde von Karl Röchling, das im

Arbeitszimmer meines Vaters im Berliner Schloß aufgestellt war, hat jene historische Szene (mit Lord Seymour, Kapitän zur See v. Usedom, Leutnant zur See v. Kottwitz, Korvettenkapitän Buchholz) festgehalten.

Das Ende der Boxer

Als Sieger zog der Oberbefehlshaber des Expeditionskorps der verbündeten Mächte, Feldmarschall Graf Waldersee, in Peking ein.

Linke Seite: In Potsdam traf der chinesische Prinz Chun, der sogenannte Sühneprinz, ein, um die Entschuldigung für die Ermordung des Gesandten v. Ketteler vorzubringen.

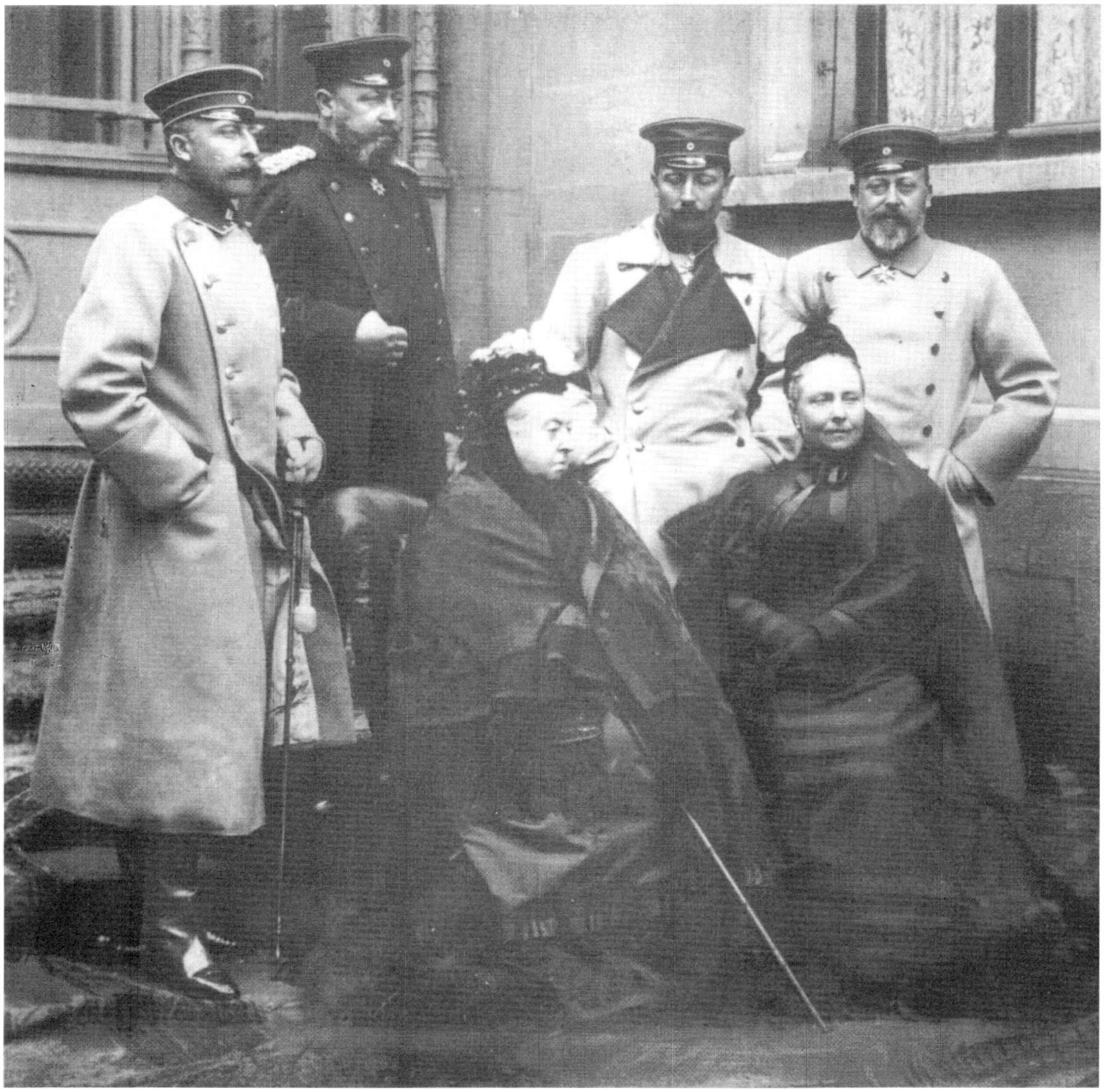

Unsere englische Verwandschaft

Queen Victoria, meine Urgroßmutter und Patin, wurde von uns allen sehr verehrt. Das obige Bild entstand bei einem Besuch in Coburg. Neben der Queen ihre Tochter Viktoria, meine Großmutter. Stehend drei Söhne der Queen mit meinem Vater: von links der Herzog von Connaught, in der Uniform der Zieten-Husaren – der Herzog von Edinburgh, der 1893 die Regierung des Herzogtums Sachsen-Coburg und Gotha übernahm – der damalige Prince of Wales und spätere König Eduard VII., in preußischer Dragoner-Uniform.

Rechte Seite: die Queen.

Kaffeetafel auf der Saalburg

In der Mitte vorn der Kaiser Rechts gegenüber König Eduard und Sophie von Griechenland. Links in preußischer Uniform Konstantin von Griechenland, neben ihm sein Sohn Georg.

Schloß Kronberg

Nach dem Tode Kaiser Friedrichs III. hatte sich meine Großmutter nach Kronberg im Taunus zurückgezogen, wo sie sich mit großer Sorgfalt das Schloß »Friedrichshof« als Witwensitz erbaute. Das Schloß war oft Treffpunkt der Familie.

Den Besitz erbte die jüngste Tochter der Kaiserin, die Landgräfin Margarethe von Hessen, nebenstehend mit ihren Söhnen Philipp, Wolfgang, Christoph, Richard, Maximilian und Friedrich (linke Seite, von links).

Homburg vor der Höhe

Im Frühsommer hielten wir uns zumeist einige Zeit auf Schloß Homburg auf.

Linke Seite (unten): Eine Gruppe des kaiserlichen Gefolges im Schloßhof. Der Kaiser im Gespräch mit Admiral v. Müller.
Unten: beim Ausritt.

Wanderungen mit den Eltern

Von Homburg aus unternahmen wir Partien, wie man damals sagte. Zum Ausflugskleid trug ich den Fotoapparat. Irgendwo wurden die Kraftfahrzeuge abgestellt, und es wurde gewandert.

Oben rechts meine Eltern bei einer Rast auf der Terrasse des Restaurants der Burg Waldeck. Unten: Ein Schnappschuß von meinen Eltern und mir beim Wandern.

Oben links meine Mutter in einem hessischen Dorf.
Oben rechts meine Mutter mit der Gräfin Rantzau (links) und Fräulein v. Saldern.

Die große Mode: Picknicks

Zu meinem 18. Geburtstag gab es ein großes Picknick in der Nähe von Potsdam, an dem meine Mutter und die Kronprinzessin teilnahmen. – Picknicks waren en vogue.

Mit Teppich und Thermosflasche

Ein Picknick meines Vaters mit Herren seines Gefolges bei Wilhelmshöhe.

Auch die Thermosflasche war dabei. Hier bedient Ina Marie Gräfin Bassewitz, meine spätere Schwägerin. Sie war damals Hofdame meiner Mutter.

Auf der Freitreppe: Begrüßung Eduards VII. durch meine Eltern. Links im Gespräch Herzog Albrecht von Württemberg und Hofmarschall v. Reischach.

In Wilhelmshöhe

Im Spätsommer lebten wir einige Wochen auf Schloß Wilhelmshöhe bei Kassel. Meine Mutter liebte diesen Aufenthalt sehr. Mein Vater erledigte auch hier seine Regierungsgeschäfte. Vertreter des Zivil- und Militärkabinetts und des Auswärtigen Amtes waren anwesend. Nicht selten mußte die Familie eine schöne Partie oder ein Zusammensein abbrechen, weil mein Vater abgerufen wurde.

Kassel

Vor der Silhouette des Herkules: Hofgeismarer Dragoner-Regiment in Bereitstellung zur Parade vor dem König von England.

Rechte Seite oben: Ausfahrt mit meiner Mutter.

Unten: Mein Bruder Joachim stand in Kassel beim 2. Kurhessischen Husaren-Regiment.

28

Ferien auf der Ostsee

Zu den Höhepunkten des Jahres zählten für mich die Fahrten auf der »Iduna«, der Segeljacht meiner Mutter. Wir segelten nach Dänemark hinauf oder an der schleswig-holsteinischen Küste entlang. Viele Jahre befehligte Kapitän zur See v. Karpf (rechte Seite) die »Iduna«.

Rechte Seite oben: Karpf und der 1. Deckoffizier Zumbusch bei einem Segelmanöver.

An Bord der »Iduna«

Die Mannschaft beim Aufentern.

Rechte Seite oben: Meine Eltern. Am Ruder Oberbootsmannsmaat Müller. Unten: In fröhlicher Stimmung nimmt mein Vater »Charlie«, wie wir den jungen Herzog Carl Eduard von Sachsen-Coburg und Gotha nannten, als Sitzkissen. Im Hintergrund mein Bruder Oskar.

Im Reichsland Elsaß-Lothringen

Regelmäßig besuchte mein Vater die Reichslande. Wenn wir ihn begleiteten, wohnten wir im Schloß Urville unweit Metz. Eine Erinnerung an diese Zeit schrieb mir einmal Albert Schweitzer: »Ich sehe Sie noch mit ihrer lieben Mutter an einem Fenster im Hauptpostgebäude zu Straßburg sitzen, als Zuschauer einer Parade. Da blieb ich stehen und schaute Sie beide an. Ich hatte ja eine große Verehrung für ihre Mutter.«

Linke Seite oben: Das Kaiserpaar in Metz.
Darunter: Besichtigung eines Jäger-Bataillons in Bitsch.

Militärischer Brennpunkt

Die deutsch-französische Grenze war auf beiden Seiten Aufmarschgebiet.

Der legendäre Graf Haeseler (oben) war lange Zeit Kommandierender General in Metz. Dort stand auch das Königs-Infanterie-Regiment (links). Links vom Kaiser General v. Mudra.

Rechte Seite: Französische Infanterie und Kavallerie.

Burgen in West und Ost

Die Hohkönigsburg in den Vogesen (linke Seite) wurde dem Kaiser von der Stadt Schlettstadt geschenkt. Er ließ eine umfassende Restaurierung vornehmen. Ich nahm an der Einweihung teil. Mein Vater sagte dabei u. a.: »Möge die Hohkönigsburg hier im Westen des Reiches, wie die Marienburg im Osten, als ein Wahrzeichen deutscher Kultur und Macht bis in die fernsten Zeiten erhalten bleiben.«

Oben die Marienburg vom gegenüberliegenden Ufer der Nogat aus gesehen.

Der Kaiser als Protektor des Johanniter-Ordens

Königsberg

Diese Aufnahmen wurden von mir während der Kaisertage 1910 gemacht.

Oben: Parade vor dem Schloß.
Unten: Mein Vater, die Konprinzessin und Prinzessin Eitel-Friedrich bei der Rückkehr im Schloßhof.

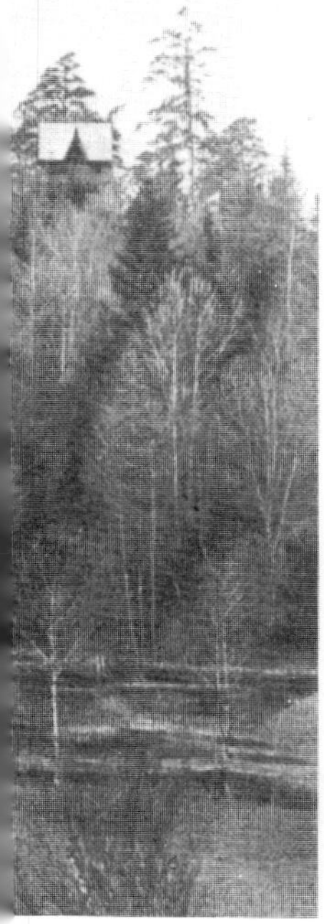

Die kaiserliche Jagd in Ostpreußen

In Rominten, diesem schönen Stückchen ostpreußischer Erde, waren wir, wenn wir uns dort aufhalten konnten, einmal nur Familie. Der himmlische Wald, die vielen Seen und das paradiesisch anmutende Jagdrevier taten das Ihrige, um uns glücklich zu machen. Hier durfte ich alleine umhergehen, Spaziergänge und Wanderungen machen, ohne Begleitung. Allein sein mit der Natur, das war ein großes Erleben.

Linke Seite: Das Jagdschloß und die Hubertuskapelle.
Unten: Stilleben an der Rominte.

In Rominten

Das Eßzimmer im Jagdschloß.

Linke Seite: Mit meiner Hofdame Elisabeth Gräfin Kanitz.
Darunter: Meine Mutter gratuliert zum Hirsch.

Gäste in Rominten

Oben links: Der Kaiser im Gespräch mit dem Fürsten zu Dohna-Schlobitten.
Daneben: Geweihparade (Admiral v. Müller und mein Bruder Joachim).
Unten: Mein Vater mit seinem Büchsenspanner Rolfink.
Daneben: Gäste. Von mir nach links Admiral v. Hollmann, Freiherr v. Reischach, General v. Kluck, der Landeshauptmann von Ostpreußen v. Berg.

Auf der Nehrung

Immer wieder zog es uns dorthin.

Oben: Ein Bild von meinen Eltern und mir.

Darunter: Die Hofdame Gräfin Rantzau.

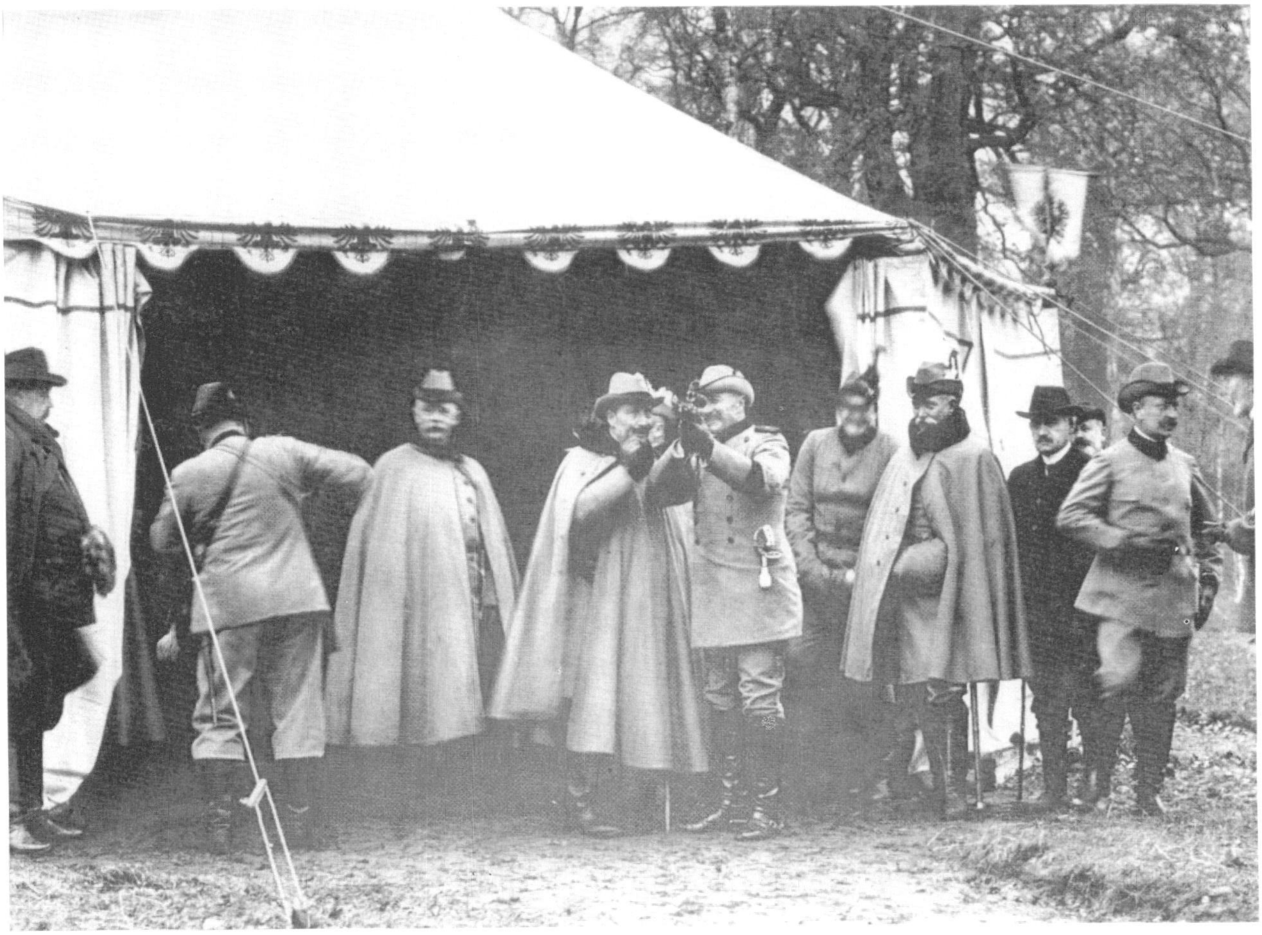

Auf der Hofjagd

Die Hofjagden, offizielle Jagdeinladungen, wie man sie auch heute noch kennt, unterschieden sich merklich von der Jagd, wie ihr mein Vater etwa in Rominten nachgehen konnte.

Linke Seite oben: Mein Vater beim Tontaubenschießen.
Unten: Zar Nikolaus als Jagdgast.

Oben: Hofjagd in der Letzlinger Heide. Von links General v. Hindenburg, damals Kommandierender General in Magdeburg (am Fotorand), Fürst Solms-Baruth, der Kaiser, Forstmeister v. Lindequist, Eitel-Friedrich, Generaloberst v. Plessen, Kabinettschef v. Valentini, Fürst zu Putbus.

Die Trakehner

Zu gern bin ich in Trakehnen gewesen. Meine Augen konnten sich nicht sattsehen an der rassigen Schönheit und Eleganz der Pferde dieses einzigartigen Gestüts.
Oben rechts: Russische Offiziere waren keine seltenen Gäste. Die Grenze war nur 20 km entfernt.

Das Schloß in Posen

1910 wurde es eingeweiht. Mein Vater hatte den monumentalen Bau im romanischen Stil errichten lassen. Als Residenzschloß sollte es der Verbundenheit des Kaisers mit der Provinz Posen Ausdruck geben. Faszinierend war die Schloßkapelle mit ihren kunstvollen, farbenprächtigen Mosaiken, eine Nachschöpfung der Capella Palatina in Palermo. Die Kosten der Kapelle steuerte mein Vater aus eigenen Mitteln bei.

Oberbeck

Die gute alte Zeit

Wo immer Kaiser und Kaiserin sich zeigten, wurden sie mit Jubel begrüßt. Sie besaßen das Herz ihres Volkes. Bei den Besichtigungsreisen wurden Behörden inspiziert, Beamte empfangen, Vorträge angehört. Meine Mutter nahm sich der sozialen Einrichtungen an, wie Krankenhäuser, Volksküchen, des Roten Kreuzes und auch der Frauenverbände.

Zur Begrüßung des kaiserlichen Besuchs erschienen Bürgermeister und Ratsherren und oft auch Ehrenjungfrauen (linke Seite in Krefeld).
In Altona wurde vor dem Rathaus ein Ehrentrunk dargereicht (oben links). Immer gab es Blumen und Andenken (daneben in Stargard).

Überall ein gefeierter Gast

Unter einem reich dekorierten Baldachin legte der Kaiser vor dem Bremer Rathaus den Grundstein für ein Denkmal Wilhelms I.

Vor dem Rathaus in Hannover mit General v. Emmich. Mit Amtskette Stadtdirektor Tramm, daneben Generaloberst v. Plessen und der Chef des Militärkabinetts v. Lyncker. (Mein Vater in der Uniform der hannoverschen Königsulanen.)

Im Kinderheim Ahlbeck bei Swinemünde.

In Aachen.

Hochzeit auf Schloß Meerholz

Zu den Hochzeiten außerhalb der preußischen Familie, an denen der Kaiser teilnahm, gehörte 1906 die von Berta Krupp und Dr. Gustav v. Bohlen und Halbach und auch die des Prinzen Albert zu

Schleswig-Holstein-Sonderburg-Glücksburg und der Gräfin Ortrud zu Isenburg und Büdingen auf Meerholz bei Hanau (oben). Der Bräutigam war Kommandeur der Garde-Kürassiere in Berlin.

Begrüßungsspalier

Mit einem tiefen Knicks huldigten die Hauswirtschaftsschülerinnen des Klosters Fischbeck dem Kaiserpaar. Der Kaiser kam zur Übergabe des Abtissinnenstabes an die Äbtissin Frau v. Buttlar. Von rechts meine Mutter, Minister v. Feilitzsch, Fräulein v. Gersdorff, eine Hofdame meiner Mutter. Oben: Begrüßungsspalier im ostpreußischen Goldap und (unten) in einem Dorf des Spreewaldes.

Kaiser's Kaffee-Geschäft
Tageblatt
Buch- und Papier-Handlung

Kaiserparade

Besonderer Beliebtheit erfreuten sich die großen Kaiserparaden, die im Zusammenhang mit den alljährlichen Kaisermanövern stattfanden. Hier ein Bild von der Parade bei Zeithain in Sachsen.

Stets glichen sich die Bilder

Unten: Der Kaiser reitet an der Spitze der Fahnenkompanie des Infanterie-Regiments Nr. 13 in Münster ein.
Rechts: Kaiserparade bei Stuttgart.
Rechts unten: Vorbeimarsch des kgl. bayr. 6. Infanterie-Regiments, dessen Chef mein Vater war, vor ihm und dem Prinzregenten in Nürnberg.

Bundesfürsten

König Ludwig III. von Bayern und Königin Marie Therese.
König Friedrich August III. von Sachsen (rechts oben).
König Wilhelm II. von Württemberg.

Besuch in München

Der Kaiser bei einem Spaziergang mit General Ritter v. Scholl und dem preußischen Gesandten in Bayern, v. Treutler.
Unten: Von Herolden flankiert, wurde der Kaiser über den Marienplatz in das Rathaus geleitet.

Die Verlobung des Kronprinzen

Die Verlobung des Kronprinzen.
Meine Mutter notierte in ihrem Tagebuch: »Am 4. September (1904) überraschte uns unser ältester Sohn mit der Nachricht seiner Verlobung.«

Rechts: Der Kronprinz als Student in Bonn.
Unten: Mit Kameraden im Manöver.

Herzogin Cecilie als Braut

Vom ersten Augenblick an, da mein Bruder der jungen Herzogin Cecilie von Mecklenburg-Schwerin begegnet war, hatte ihn glühende Begeisterung erfaßt. Wer hätte das nicht verstehen wollen!

Einzug in Berlin

Zur Hochzeit wurde die Braut feierlich eingeholt. Am Pariser Platz erfolgte die Begrüßung durch den Oberbürgermeister.

Galadiner

Der Weiße Saal des Königlichen Schlosses mit der festlich gedeckten Tafel eines Galadiners.

Rechte Seite: Menükarte der Mittagstafel am Hochzeitstage des Kronprinzenpaares.

Berlin, den 6. Juni 1905.

Königliche Mittagstafel.

Kaiser-Suppe.
Steinbutten in Champagner.
Rehrücken auf Holländische Art.
Kleiner Schinkenauflauf.
Langusten en belle vue.
Hamburger Hühner, Früchte, Salat.
Stangenspargel.
Chocoladenbombe.
Käsestangen.
Nachtisch.

Georg Büxenstein & Comp. Berlin.

Hof-Ansage.

Bei der Vermählungsfeierlichkeit am 6. Juni 1905 im Königlichen Schlosse zu Berlin werden speisen:

Im Marinesaal und im Königinnen-Zimmer (**neben der Bildergalerie**):
- die Botschafter und deren Gemahlinnen,
- der Herr Reichskanzler und Gemahlin,
- die Mitglieder der außerordentlichen Missionen nebst Ehrendienst,
- die Gesandten bezw. Geschäftsträger und Gemahlinnen,
- die Senatoren der Hansastädte,
- der Herr Staatsminister Graf von Bassewitz-Levetzow,
- der Herr Staatssekretär des Auswärtigen Amts,
- der Herr Einführer des diplomatischen Corps.

In der Brandenburgischen Kammer, der Rothen (drap d'or) **Kammer und den Parade-Vorkammern:**
- Ihre Excellenz Frau Gräfin von Brockdorff,
- die Damen Ihrer Majestät der Kaiserin und der Hohen Braut,
- und diejenigen Damen und Herren, welche an der Ceremonientafel Dienst gethan haben.

Im Parole-Saal, im Pfeilersaal und im Thronsaal (**I. Stockwerk, Zugang über die Theatertreppe**):
- die Gemahlinnen der obersten Hofchargen,
- die General-Feldmarschälle,
- die Ritter des Hohen Ordens vom Schwarzen Adler,
- die Chefs der Fürstlichen usw. Häuser und Gemahlinnen,
- die Staatsminister, die Generale der Infanterie, Kavallerie und Artillerie, und die Admirale nebst Gemahlinnen,
- die Palastdamen,
- die ersten Präsidenten des Reichstages und der beiden Häuser des Landtages,
- die übrigen Damen und Herren des diplomatischen Corps.

In der Braunschweigischen Galerie und Nebenräumen:
- sämmtliche Hofdamen und
- alle Herren des Gefolges der fremden Fürstlichkeiten (**ohne** Ehrendienst).

In dem Braunschweigischen Saal und im Braunschweigischen Zimmer:
- sämmtliche Herren des Ehrendienstes und
- die **Adjutanten** der deutschen Fürstlichkeiten.

Die Hochzeitsfeierlichkeiten

Die Hochzeitsfeierlichkeiten.
Im Chinesischen Kabinett des Schlosses setzte die Kaiserin in einer traditionellen Zeremonie der Braut die Prinzessinenkrone auf. Dann fand die standesamtliche Trauung durch den Minister des Königlichen Hauses v. Wedel statt. Anschließend ordnete sich der Hochzeitszug zur Schloßkapelle (oben), unter Vorantritt von Herolden, des Oberhofmarschalls Graf Eulenburg, von Kammerjunkern, Kammerherren und dreier als Ehrendienst für die Braut bestimmter Hofchargen. Rechts neben der Braut schritt die Oberhofmeisterin Freifrau v. Tiele-Winckler. Vier Damen trugen die Schleppe.

Folgende Seiten: Eine Wiedergabe der gedruckten Hof-Ansage für die Ordnung des Hochzeitszuges.

Ordnung des Zuges
der Allerhöchsten und der Höchsten Herrschaften.

Das Hohe Brautpaar:

Ihre Hoheit die Herzogin Cecilie zu Mecklenburg
und
Seine Kaiserliche und Königliche Hoheit der Kronprinz des Deutschen Reichs und Kronprinz von Preußen.

Seine Majestät der Kaiser und König
führen:
Ihre Kaiserliche Hoheit die Großherzogin-Mutter, verwittwete Großherzogin Anastasia von Mecklenburg-Schwerin.

Ihre Majestät die Kaiserin und Königin,
geführt von
Seiner Königlichen Hoheit dem Großherzog von Mecklenburg-Schwerin.

Ihre Königliche Hoheit die Großherzogin von Mecklenburg-Schwerin,
zur Rechten:
Seine Kaiserliche und Königliche Hoheit der Erzherzog Franz Ferdinand von Oesterreich-Este,
zur Linken:
Seine Königliche Hoheit der Kronprinz von Schweden und Norwegen.

Ihre Königliche Hoheit die verwittwete Großherzogin Marie von Mecklenburg-Schwerin,
zur Rechten:
Seine Königliche Hoheit der Kronprinz von Griechenland,
zur Linken:
Seine Kaiserliche Hoheit der Großfürst Michael Alexandrowitsch von Rußland.

Seine Königliche Hoheit der Prinz Arthur von Großbritannien und Irland
führt
zur Rechten:
Ihre Königliche Hoheit die Prinzessin Christian von Dänemark,
zur Linken:
Ihre Königliche Hoheit die Großherzogin von Baden.

Seine Königliche Hoheit der Herzog von Aosta
führt
zur Rechten:
Ihre Königliche Hoheit die Großherzogin von Oldenburg,
zur Linken:
Ihre Königliche Hoheit die Kronprinzessin von Griechenland.

Ihre Kaiserliche Hoheit die Großfürstin Wladimir von Rußland,
zur Rechten:
Seine Königliche Hoheit der Großherzog von Baden,
zur Linken:
Seine Königliche Hoheit der Großherzog von Hessen und bei Rhein.

Ihre Königliche Hoheit die Großherzogin von Hessen und bei Rhein,
zur Rechten:
Seine Königliche Hoheit der Großherzog von Oldenburg,
zur Linken:
Seine Königliche Hoheit der Großherzog von Mecklenburg-Strelitz.

Ihre Königliche Hoheit die Großherzogin von Mecklenburg-Strelitz,
zur Rechten:
Seine Königliche Hoheit der Prinz Eitel Friedrich von Preußen,
zur Linken:
Seine Königliche Hoheit der Prinz Adalbert von Preußen.

Seine Königliche Hoheit der Prinz August Wilhelm von Preußen
führt
zur Rechten:
Ihre Königliche Hoheit die Prinzessin Heinrich von Preußen,
zur Linken:
Ihre Königliche Hoheit die Prinzessin Friedrich Leopold von Preußen.

Ihre Königliche Hoheit die Erbprinzessin von Sachsen-Meiningen,
zur Rechten:
Seine Königliche Hoheit der Prinz Oskar von Preußen,
zur Linken:
Seine Kaiserliche Hoheit der Großfürst Nikolaus von Rußland.

Seine Königliche Hoheit der Prinz Christian von Dänemark
führt
zur Rechten:
Ihre Königliche Hoheit die Prinzessin Adolf zu Schaumburg-Lippe,
zur Linken:
Ihre Königliche Hoheit die Prinzessin Friedrich Karl von Hessen.

Ihre Königliche Hoheit die Herzogin von Aosta,
zur Rechten:
Seine Kaiserliche Hoheit der Prinz Arisugawa von Japan,
zur Linken:
Seine Königliche Hoheit der Herzog von Oporto.

Seine Königliche Hoheit der Prinz Rupprecht von Bayern
führt
zur Rechten:
Ihre Kaiserliche Hoheit die Prinzessin Arisugawa von Japan,
zur Linken:
Ihre Königliche Hoheit die Prinzessin Albert von Belgien.

Ihre Hoheit die Herzogin Johann Albrecht zu Mecklenburg,
zur Rechten:
Seine Königliche Hoheit der Prinz Johann Georg von Sachsen,
zur Linken:
Seine Königliche Hoheit der Herzog Albrecht von Württemberg.

Ihre Königliche Hoheit die Herzogin Karl Theodor in Bayern,
zur Rechten:
Seine Königliche Hoheit der Prinz der Niederlande,
zur Linken:
Seine Königliche Hoheit der Prinz Albert von Belgien.

Ihre Hoheit die Herzogin zu Schleswig-Holstein,
zur Rechten:
Seine Königliche Hoheit der Prinz von Rumänien,
zur Linken:
Seine Königliche Hoheit der Prinz Chow Fa Chakrabongse von Siam.

Seine Königliche Hoheit der Prinz Heinrich von Preußen
führt
zur Rechten:
Ihre Hoheit die Herzogin Marie Antoinette zu Mecklenburg,
zur Linken:
Ihre Hoheit die Herzogin Sophie Charlotte von Oldenburg.

Ihre Durchlaucht die Prinzessin Feodora zu Schleswig-Holstein,
zur Rechten:
Seine Königliche Hoheit der Prinz Albrecht von Preußen,
zur Linken:
Seine Hoheit der Herzog von Schleswig-Holstein.

Seine Hoheit der Herzog Paul Friedrich zu Mecklenburg,
zur Rechten:
Seine Hoheit der Herzog Johann Albrecht zu Mecklenburg,
zur Linken:
Seine Hoheit der Herzog Adolf Friedrich zu Mecklenburg.

Seine Hoheit der Herzog Heinrich Borwin zu Mecklenburg,
zur Rechten:
Seine Königliche Hoheit der Prinz Christian zu Schleswig-Holstein,
zur Linken:
Seine Königliche Hoheit der Prinz Friedrich Heinrich von Preußen.

Seine Königliche Hoheit der Prinz Joachim Albrecht von Preußen,
zur Rechten:
Seine Königliche Hoheit der Prinz Friedrich Wilhelm von Preußen,
zur Linken:
Seine Königliche Hoheit der Herzog Karl Theodor in Bayern.

Seine Königliche Hoheit der Herzog von Sachsen-Coburg und Gotha,
zur Rechten:
Seine Königliche Hoheit der Erbgroßherzog von Mecklenburg-Strelitz,
zur Linken:
Seine Königliche Hoheit der Fürst von Hohenzollern.

Seine Königliche Hoheit der Fürst von Bulgarien,
zur Rechten:
Seine Hoheit der Prinz Friedrich Karl von Hessen,
zur Linken:
Seine Hoheit der Erbprinz von Sachsen-Meiningen.

Seine Durchlaucht der Prinz Ernst von Sachsen-Altenburg,
zur Rechten:
Seine Durchlaucht der Prinz Albert zu Schleswig-Holstein,
zur Linken:
Seine Hoheit der Prinz Albert zu Schleswig-Holstein-Sonderburg-Glücksburg.

Seine Durchlaucht der Erbprinz von Hohenzollern,
zur Linken:
Seine Durchlaucht der Prinz Adolf zu Schaumburg-Lippe.

Das Kronprinzenpaar

Meine Schwägerin Cecilie gestand: »Wenn ich gefragt würde, welches für mich das glanzvollste Ereignis meines Lebens gewesen ist, so kann ich nur antworten: meine Hochzeit.« Wie einst meine Eltern als junge Eheleute nahmen nun Kronprinz und Kronprinzessin im Marmorpalais Wohnung. So alltäglich auch ihr Anblick für die Potsdamer war, stets wurden sie umjubelt.

Oels in Schlesien

Als mein Bruder Wilhelm zum Kommandeur des 1. Leibhusaren-Regiments ernannt worden war, wohnte er mit seiner Familie in einem einfachen Haus in Danzig-Langfuhr. 1913 begann er mit dem Bau seines Schlosses Cecilienhof in Potsdam. Gern weilte das Kronprinzenpaar auf seiner schlesischen Besitzung Oels mit ihrem imposanten Renaissance-Schloß (unten). Meine Schwägerin war im übrigen Chef des Dragoner-Regiments Nr. 8, das in Oels stand.

Eine glückliche Mutter

»Gott schenkte uns in der Vorkriegszeit vier Söhne, so daß mein Leben reich ausgefüllt war«, schrieb die Kronprinzessin. »Wie glückselig war jener Augenblick, als mir der Erstgeborene in die Arme gelegt wurde. Welche Stunden und Tage reichsten Glücks, die jeder jungen Mutter als neue und unerhörte Erlebnisse erscheinen!«

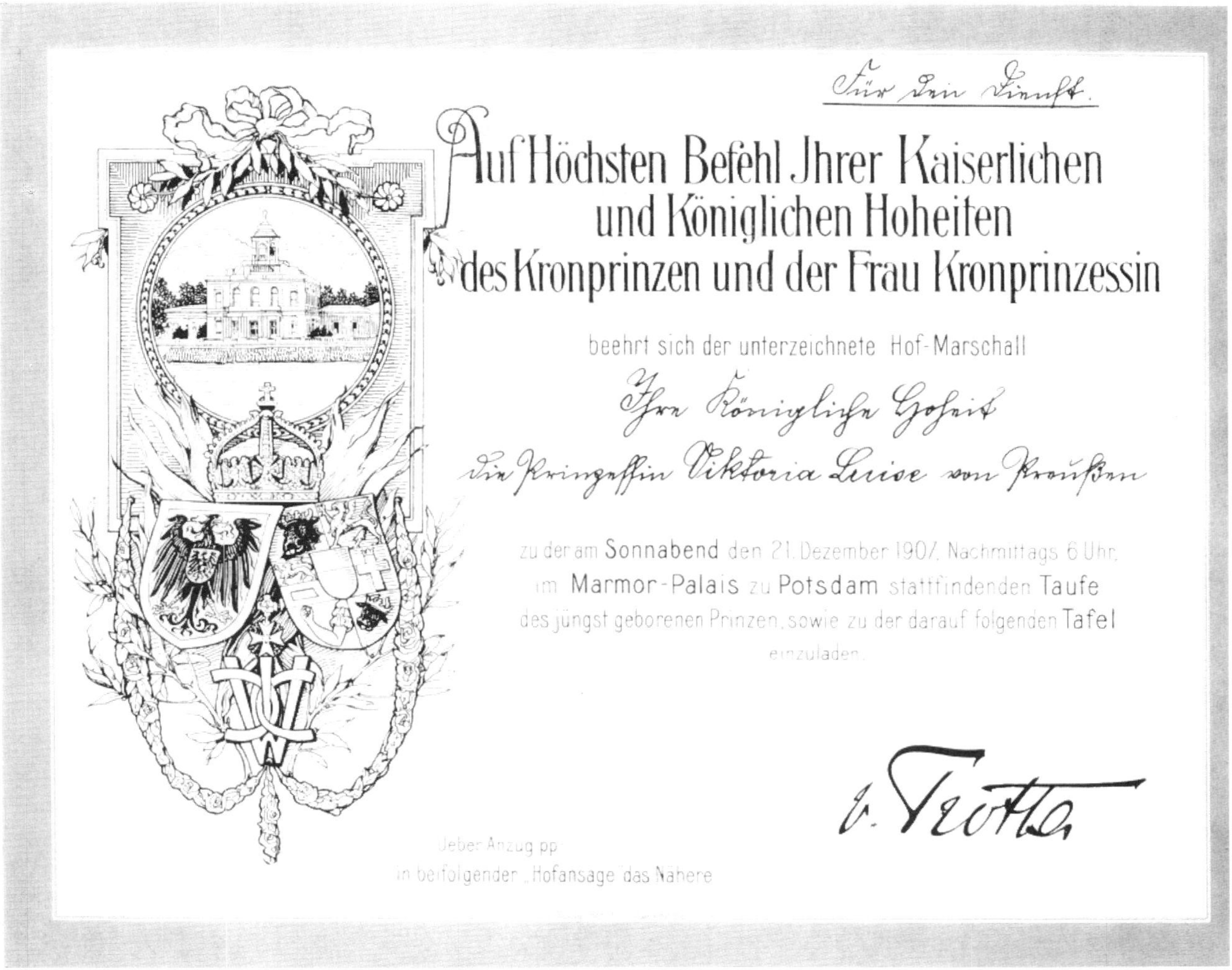

Für den Dienst.

Auf Höchsten Befehl Jhrer Kaiserlichen
und Königlichen Hoheiten
des Kronprinzen und der Frau Kronprinzessin

beehrt sich der unterzeichnete Hof-Marschall

Ihre Königliche Hoheit

die Prinzessin Viktoria Luise von Preußen

zu der am Sonnabend den 21. Dezember 1907, Nachmittags 6 Uhr,
im Marmor-Palais zu Potsdam stattfindenden Taufe
des jüngst geborenen Prinzen, sowie zu der darauf folgenden Tafel
einzuladen.

v. Trotha

Ueber Anzug pp.
in beifolgender „Hofansage" das Nähere

Taufe im Marmorpalais

Ich war vierzehn Jahre alt, als der erste Sohn des Kronprinzen in der hölzernen Wiege der preußischen Familie lag. Da ich die jüngste Prinzessin war, stand mir das Recht zu, meinen kleinen Neffen zur Taufe zu tragen. Im folgenden Jahr wurde ich zur Taufe des zweiten Sohnes gebeten. Er sollte den Namen Louis Ferdinand erhalten.

Hof-Ansage.

Sonnabend, den 21. Dezember 1907

nachmittags 6 Uhr findet die Taufe des am 9. November 1907 geborenen Prinzen, Sohnes Ihrer Kaiserlichen und Königlichen Hoheiten des Kronprinzen und der Kronprinzessin im Marmorpalais zu Potsdam statt.

Die Königliche Familie, sowie die Höchsten Gäste erscheinen gegen 6 Uhr im Salon Ihrer Kaiserlichen und Königlichen Hoheit der Kronprinzessin, die übrigen Gäste und die Gefolge versammeln sich um 6 Uhr in dem zur Taufkapelle hergerichteten ovalen Saal.

Die Damen des Hofstaates Ihrer Kaiserlichen und Königlichen Hoheit der Kronprinzessin, welche zum Cortège des Hohen Täuflings gehören, erscheinen im Hofkleide (robe de cour), alle anderen Damen im halbhohen Kleide mit hellen Glacéhandschuhen.

Für die Herren vom Zivil ist der Anzug Gala mit langen Beinkleidern von der Farbe der Uniform, die Herren Minister 2. gestickte Uniform, für die Herren vom Militär Paradeanzug bezw. Regiments-Uniform, die Herren Generale und Offiziere der Fußtruppen in langen Beinkleidern (Ordensband). Für die investierten Ritter des Hohen Ordens vom Schwarzen Adler mit der Kette des Ordens.

Die **Anfahrt** ist für die Allerhöchsten und die Höchsten Herrschaften am Hauptportal des Marmorpalais, für alle anderen eingeladenen Personen am rechten Seitenflügel.

Die **Abfahrt** erfolgt für die Allerhöchsten und die Höchsten Herrschaften an gleicher Stelle, für die übrigen Gäste am linken Seitenflügel.

Die Berliner Teilnehmer werden gebeten, den Sonder-Zug ab Potsdamer Hauptbahnhof 4 Uhr 55 zu benutzen, Ankunft Potsdam 5 Uhr 47.

Rückfahrt ab Potsdam 8 Uhr 30, Ankunft in Berlin 8 Uhr 55.

Die Hoftrauer wird für diesen Tag abgelegt.

Potsdam, den 18. Dezember 1907.

von Trotha

Hofmarschall

Seiner Kaiserlichen und Königlichen Hoheit des Kronprinzen

des Deutschen Reiches und von Preußen.

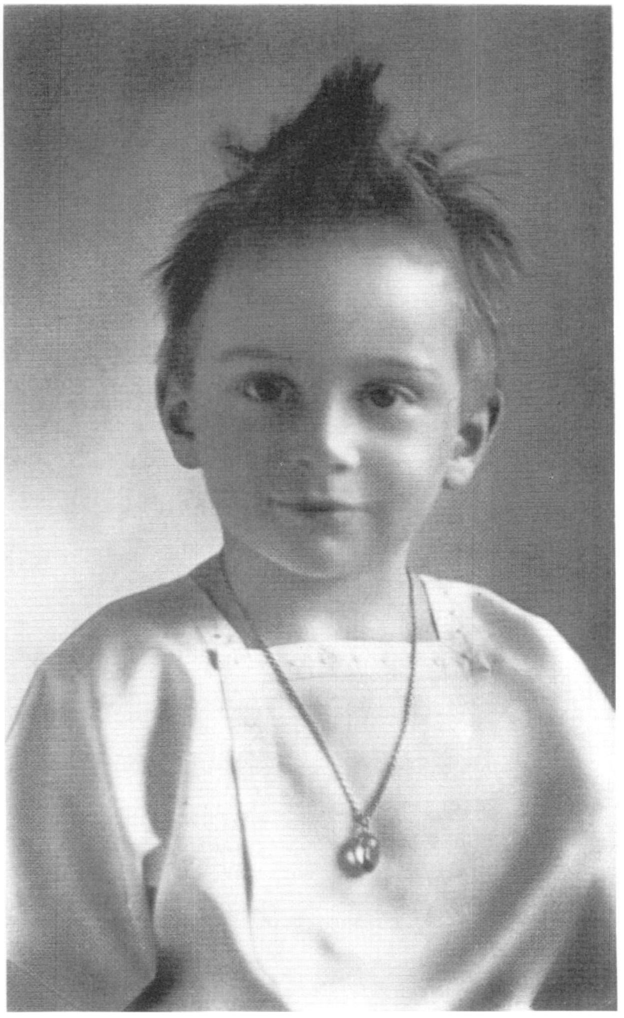

Wilhelm und Louis Ferdinand,
die beiden ersten Söhne des Kronprinzenpaares.

Die **Königliche Familie**, sowie die **Höchsten Gäste** versammeln Sich kurz nach 6 Uhr im Salon der Kronprinzessin im Marmorpalais zu Potsdam. Die übrigen Gäste und die Gefolge versammeln sich um 6 Uhr in dem zur Taufkapelle eingerichteten ovalen Saal.

Sobald **Seine Kaiserliche und Königliche Hoheit der Kronprinz** den Befehl zum Beginn der heiligen Taufhandlung erteilt haben, geleitet der Hofmarschall die **Allerhöchsten** und **Höchsten Herrschaften** zu den von denselben im Zuge einzunehmenden Plätzen.

Die **Allerhöchsten** und **Höchsten Herrschaften** begeben Sich unter dem Vortritt des Hofmarschalls in den als Taufkapelle hergerichteten ovalen Saal und gruppieren Sich daselbst im Halbkreis um den Altar.

Nachdem die **Allerhöchsten** und **Höchsten Herrschaften** Ihre Plätze eingenommen haben, führt **Seine Kaiserliche und Königliche Hoheit der Kronprinz Ihre Kaiserliche und Königliche Hoheit die Kronprinzessin** auf Höchstihren Platz in der Taufkapelle.

Nachdem der Durchlauchtigste Täufling in die zunächst der Taufkapelle gelegenen Gemächer in Begleitung der Leibpagen der Kronprinzessin gebracht worden ist, wird Höchstderselbe, geführt von dem Hofmarschall von Trotha, durch Ihre Exzellenz Frau von Trotha als Stellvertreterin der Frau Oberhofmeisterin bis an die Tür der Taufkapelle getragen; die Hofdamen Burggräfin und Gräfin zu Dohna-Schlobitten und Fräulein von Trotha halten die Schleppe des Hohen Täuflings; der Kammerherr Graf von Bismarck-Bohlen schließt den Zug.

An der Tür der Taufkapelle übergibt Frau von Trotha den Durchlauchtigsten Täufling **Ihrer Königlichen Hoheit der Prinzessin Viktoria Luise**, welche den Hohen Täufling **Ihrer Majestät der Kaiserin** überreicht.

Die nunmehr beginnende heilige Handlung wird durch den Oberhofprediger, Schloßpfarrer Dr. Dryander vollzogen.

Die **Allerhöchsten** und die **Höchsten Herrschaften** bringen nach dem Schlusse der Taufhandlung **Ihrer Kaiserlichen und Königlichen Hoheit der Kronprinzessin** Ihre Glückwünsche dar, worauf Höchstdieselbe in dem roten Salon von den anderen Taufzeugen eine Defilier-Cour anzunehmen geruhen wollen.

Nach Beendigung der Cour begeben sich die **Allerhöchsten** und die **Höchsten Herrschaften** und die übrigen Geladenen zur Tafel.

Potsdam, den 18. Dezember 1907.

von Trotha

Hofmarschall

Seiner Kaiserlichen und Königlichen Hoheit des Kronprinzen des Deutschen Reiches und von Preußen.

Hof-Drucksachen

Von den hier veröffentlichten Hofansagen und Programmen der großen Hofveranstaltungen werden – wenn überhaupt – nur noch vereinzelte Originale existieren. Ich hielt es daher auch unter kulturhistorischem Blickpunkt für zweckmäßig, sie im Faksimile wiederzugeben.

Wohlbehütet und wohlbeaufsichtigt

Die Jungmädchenzeit verlebte ich wohlbehütet von den Hofdamen der Kaiserin und meinen Gouvernanten. Das war nicht immer einfach – für beide Seiten. Daß ich mich niemals allein in der Öffentlichkeit bewegen durfte, war nach den damaligen Anschauungen selbstverständlich. Das obere Bild mit Mademoiselle Lauru spricht, glaube ich, für sich.

Linke Seite oben: Bei der Eröffnung der Landwirtschaftlichen Ausstellung (mit dem Rücken zum Fotografen Minister v. Podbielski).
Die Szene bei der Regatta in Grünau zeigt links von meiner Mutter und mir mit Lorgnette Frau v. Trotha und die Hofdame Gräfin Keller (unten).

ZEUGNIS

für

Victoria Luise Prinzessin von Preußen.

Betragen gut

Aufmerksamkeit im ganzen gut, weil nicht überall gleichmäßig.

Fleiss gut

Ordnung gut

Leistungen:

Religion (Konfirmandenunterricht)

Deutsch

- Lesen genügend
- Grammatik gut
- Aufsatz befriedigend
- Literatur gut
- Vortrag sehr gut

Französisch

- Grammatik im ganzen gut
- Lesen im ganzen gut
- Literatur gut
- Konversation fast gut
- Franz. Geschichte genügend

Englisch

- Grammatik gut
- Lesen gut
- Literatur genügend
- Konversation sehr gut
- Engl. Geschichte genügend

Algebra im ganzen gut

Geometrie gut

Geschichte gut

Kunstgeschichte fast gut

Erdkunde befriedigend.

Physik im ganzen gut

Chemie genügend

Schreiben (Handschrift) genügend

Zeichnen

Turnen

Erziehungslehre im ganzen gut.

Bemerkungen:

Neues Palais, den 1. April 1909.

Lehrerkollegium:

Professor Dr. Porger. Prof. Dr. Schwartz.

A. Topham L. Laurie

Obergouvernante:

E. v. Saldern.

M. Wiese. M. Bode

Oktober 1909: Mein Konfirmationsbild

Regimentschef

Wenige Tage nach der Konfirmation, am Geburtstag meiner Mutter, ernannte mich mein Vater zum Chef des 2. Leibhusaren-Regiments. Das Regiment hatte zuvor meiner Großmutter, der Kaiserin Friedrich, gehört, deren Namen es auch trug. Vorschriftsmäßig angezogen und ausstaffiert, mußte ich mich bei meinem Vater melden, der mir den berühmten »blauen Brief«, die Kabinettsorder mit meiner Ernennung, übergab.
Danach empfing ich die Offiziere des Regiments. Der Regimentskommandeur Oberst Krahmer (dritter von links) stellte sie mir vor. Auch der Kommandierende General des XVII. Armee-Korps, General der Kavallerie v. Mackensen (erster von links), war erschienen. Während meine Mutter diese Aufnahme machte, beruhigte der damalige Leutnant Arthur Schmidt mein Pferd, das durch die ungewohnte Situation unruhig geworden war.

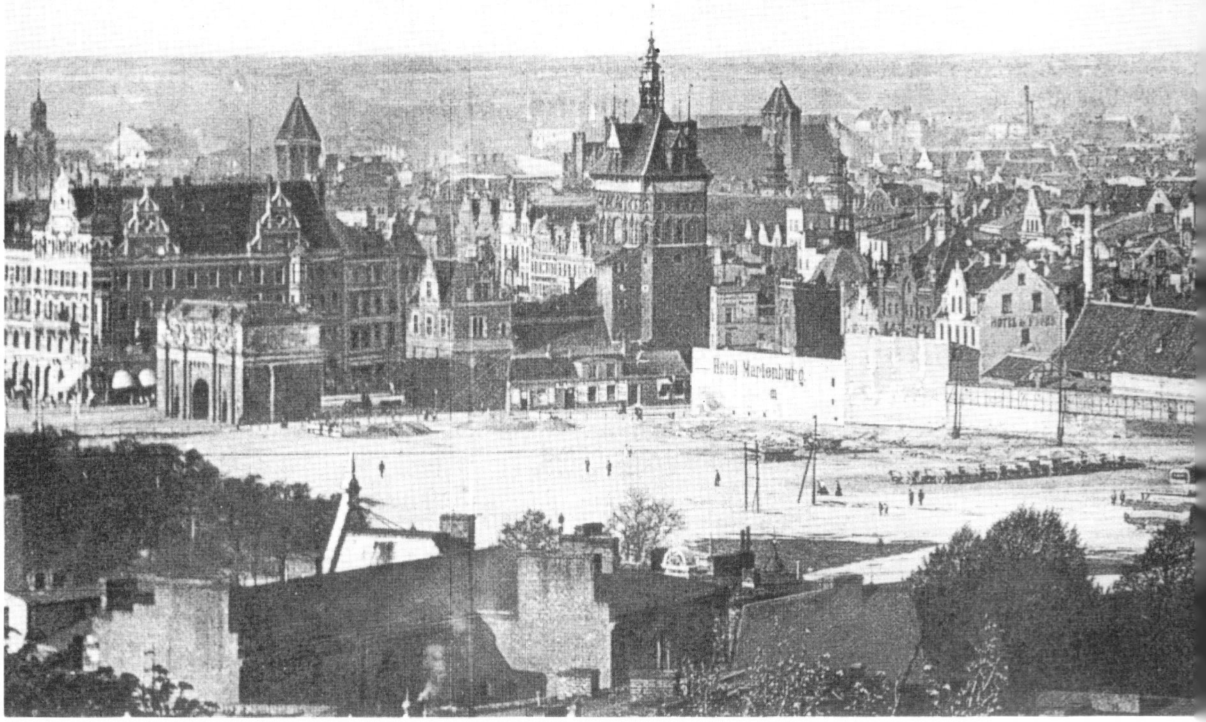
Hotel Marienburg

Im alten deutschen Danzig

Die Leibhusaren-Brigade mit dem 1. und 2. Leibhusaren-Regiment lag in Danzig-Langfuhr. Welch schöne Erinnerungen habe ich an diese Stadt! Ich kann es nicht besser sagen, als mit den Worten meines Neffen Louis Ferdinand, der dort mit seinen Eltern glückliche Jahre verlebte: »Durch die unvergleichliche Lage an der Bucht mit den sanften Hügeln und herrlichen Wäldern rings um die See, diesem ineinanderfließenden Blau und Grün, wirkte die Stadt so harmonisch, als habe Gott selbst als höchster Architekt bei ihrer Anlage mitgeholfen.«

Kohlenmarkt 27-29
Grösstes

Kaisertage

Im August 1910 hatte ich mein Regiment dem Kaiser in Danzig vorzuführen. Meine Mutter, die Kronprinzessin und ich kamen mit der Bahn. Am Bahnhof war eine Fahnenkompanie aufmarschiert.
Neben meinem Vater ritt ich an der Spitze der Husaren durch die Straßen der Stadt (links unten).

Rechts: Mit meinem Vater und Mackensen in Langfuhr.
Wohnung nahmen wir auf der »Hohenzollern«, die im Hafen vor Anker lag (unten an Bord mit Mackensen).

An der Spitze meines Regiments

Oben: Die Sonne strahlte über das weite Paradefeld, als ich, vor dem Regimentskommandeur reitend, mein Regiment am Kaiser vorbeiführte. Einmal im Schritt, dann im Galopp. Fünf Stunden saß ich im Sattel.
Rechts: Leibhusaren (vom 1. Regiment) im Galopp.

Die Leibhusaren

Nicht ohne Wehmut denke ich an die prachtvolle Kavallerie der alten Zeit zurück.
Oben: Vor dem Kasino stehend von links v. Mackensen, mein Vater, der Brigadekommandeur Graf Schmettow, der Kronprinz, damals Kommandeur der 1. Leibhusaren. Rechts hinter meinem Bruder Graf Dohna-Schlobitten (später wegen seiner Beteiligung am 20. Juli 1944 hingerichtet). Weiter nach rechts Major v. Frantzius und Oberstleutnant Frhr. v. Plotho. Rechts neben mir die Kronprinzessin in der Uniform ihres Dragoner-Regiments und mein Bruder Adalbert. Vorn sitzend (von links) die Leutnants v. d. Osten, v. Schroeter, die Brüder Gerhard und Elard v. Reichel, v. Fischer-Treuenfeld, Pfeffer; vorn Mitte v. Laffert, v. Kühne.

Rechte Seite oben: Rückkehr vom Regimentsexerzieren (mit Oberstleutnant Freiherr v. Plotho, dem Kronprinzenpaar und dessen beiden ältesten Söhnen).
Unten: Brigadeexerzieren der Leibhusaren. Das 1. Regiment hatte Schimmel, das andere Rappen.

Die Atmosphäre der Kaiserzeit

Diese Ölskizze von Fritz Werner, die sich im Besitz meines Vaters befand, zeigt ihn, noch als Prinz, an der Spitze der Fahnenkompanie des 1. Garde-Regiments zu Fuß auf dem Belle-Alliance-Platz in Berlin.

Potsdam war für mich die Heimat

Wir alle haben es geliebt. Potsdam, wie wir es gekannt haben, war in seiner Gestalt überwiegend das Werk des großen Königs. »Die Seele dieser Stadt«, sagte Moeller van den Bruck, »ist die Seele Friedrichs des Großen.«

Linke Seite oben: Der Kern der Stadt: das Stadtschloß mit dem Lustgarten, dahinter der alte Markt mit der Nikolaikirche und dem Rathaus. Links unten: Schloß Sanssouci.
Oben: In der Innenstadt, die Schwerdtfegerstraße, überragt von der Kuppel der Nikolaikirche.

Bilder aus Potsdam

Rechts: Die Garnisonskirche. Unten: In Sanssouci. Die Neuen Kammern und dahinter die historische Mühle.

In der Friedenskirche (rechte Seite oben), am Rande des Parks von Sanssouci, bin ich eingesegnet worden. Die von Friedrich Wilhelm IV. erbaute Kirche war eine Schöpfung der Romantik.
Rechte Seite unten: Ein Blick vom Pfingstberg. In Gold getönt breitet sich die weite Landschaft der Seen, Wälder und Hügel vor dem Auge aus.

Die Potsdamer Garnisonkirche

Sie war ein Mahnmal preußischer Geschichte. »Üb' immer Treu und Redlichkeit« erklang es vom holländischen Glockenspiel des Kirchturms und zur vollen Stunde »Lobet den Herren, den mächtigen König der Ehren!«

Rechte Seite: Festgottesdienst zum 25. Regierungsjubiläum meines Vaters.

Die Frühjahrsparade

Die alljährliche Frühjahrsparade im Lustgarten war ein glanzvolles Schauspiel, an dem ganz Potsdam teilnahm. Beim Erscheinen des Kaisers erklang der Präsentiermarsch. Kommandos erschallten. Der Kaiser ritt die Front der Regimenter der Garnison ab.

Parademarsch

Nach dem Abreiten der Front nahm der Kaiser den Vorbeimarsch ab. Es war ein Kunststück, all die Truppen – Infanterie, Kavallerie und Artillerie – auf der verhältnismäßig kleinen Fläche vor dem Stadtschloß exerziermäßig zu bewegen. Doch es klappte stets tadellos.

So habe ich die Paraden gesehen

Ich selbst sah den Paraden von einem Fenster des Schlosses aus zu. Dabei entstanden die obigen Aufnahmen.

Auch das Exerzieren, das den Paraden vorausging und manchen Schweißtropfen kostete, habe ich interessiert beobachtet. Oben: Der Kaiser inspiziert die Mannschaften meines Bruders Eitel-Friedrich. Unten: Mein Bruder Wilhelm (vorn Mitte) beim Exerzieren.

Margueritentag

Im Anschluß an die Frühjahrsparade fand zumeist eine Wohltätigkeitsveranstaltung statt, die durch einen Blumenkorso gekrönt wurde. Auch unsere Familie und der Hof beteiligten sich hieran. Es war ein lustiges und buntes Treiben.

Oben: Der Wagen des Kronprinzen beim Blumenkorso.
Linke Seite: Mit meinem Bruder August Wilhelm und meiner Schwägerin Alexandra.

Braten, Reisbrei, Backpflaumen und Schrippen

Zu den militärischen Feiern, an denen nicht nur der Kaiser, sondern auch unsere Familie teilnahm, gehörte das »Schrippenfest« am zweiten Pfingsttag, das Stiftungsfest des Lehr-Infanterie-Bataillons. Es wurde auf dem Schloßplatz des Neuen Palais vor den »Communs« begangen. Mehrere Kapellen begleiteten das große Schmausen.

Die Kaiserin bei der Begrüßung. Darunter: Neben mir die Oberhofmeisterin Gräfin Brockdorff, die Kaiserin und meine Tante Feodora.

Parforcejagd

Die großen Hofjagden hatten ein vielfältiges Gesicht. Sie waren Jagd-, Sport- und gesellschaftliche Veranstaltungen zugleich. Der Kaiser war ein vorzüglicher Reiter. Er ritt unglaublich gut. Ich durfte an den Roten Jagden nur mit ausdrücklicher Genehmigung meines Vaters teilnehmen. Er fürchtete, mir könne ein Unfall zustoßen. Im Oktober 1910 ritt ich meine erste Parforcejagd.

Oben: Beim Ausreiten an der Seite meines Vaters.
Linke Seite oben: Piköre und Meute.
Linke Seite unten: Der Kaiser überreicht dem Master, Graf v. Spee, den Bruch. Rechts im Hintergrund Flügeladjutant v. Dommes.

Mein Bruder Wilhelm beim Turnier

Auch der Kronprinz war ein begeisterter Reiter. Mein Vater sah es jedoch nicht gern, daß er sich an Turnieren oder Rennen beteiligte. Oben mein Bruder beim Concours Hippique in Schwerin.

Jagdrennen im Grunewald

Einen besonderen Reiz strahlten die Armee-Jagdrennen im Grunewald aus. Wir verfolgten sie von der Terrasse eines eigens hierfür errichteten Pavillons aus. Die ganze Atmosphäre war aufgelockert. Dazu trug sicher viel bei, daß wir die Reiter persönlich kannten. Man war ihnen bei den Festen des Winters begegnet und hatte mit ihnen getanzt.

Das untere Bild zeigt eine typische Szene vom Armee-Jagdrennen. Doch es entstand erst in den 30er Jahren, als die »alten Herren« in den Sattel stiegen, um die einstigen Grunewald-Rennen noch einmal wiederaufleben zu lassen. Da ich kein gutes zeitgerechtes Foto erreichbar hatte, habe ich dieses gewählt.

Der 27. Januar

Kaisers Geburtstag! Das war ein vertrauter Begriff für mehrere Generationen. Man feierte diesen Tag, wo immer die deutsche Fahne wehte. Die Straßen waren geschmückt (wie oben Unter den Linden), es gab schulfrei, Festansprachen, Festtagsessen und Feiern.

Rechte Seite: Die Geburtstagsparade vor dem Kaiser.

Sedantag

Ein nationaler Feiertag war auch der 2. September, an dem des Sieges von Sedan 1870 gedacht wurde. Oben und rechts: Sedantag in Berlin.

Ebenfalls ein besonderer Tag im Berliner Kalender war die Rekrutenvereidigung durch den Kaiser (unten).
Links in Begleitung des Königs von Spanien.

Damals in Berlin

Der Aufzug der Wache Unter den Linden rief Tag für Tag viele Schaulustige herbei. Selbst strömender Regen wurde dabei in Kauf genommen.
Zum täglichen Anblick gehörte auch der Morgenritt der kaiserlichen Familie im Tiergarten.

Die Schloßgarde

Das Leben an den europäischen Fürstenhöfen war von jeher sehr farbenprächtig. Der deutsche Kaiserhof machte hierin keine Ausnahme.
Oben: Der Kaiser mit Herren seines Gefolges in friderizianischer Uniform vor der Schloßgarde-Kompanie im Rittersaal des Berliner Schlosses.

Der historischen Überlieferung folgend gab es Hofchargen verschiedener Ränge.
Rechte Seite: Ein Auszug aus dem Hof-Handbuch von 1914.

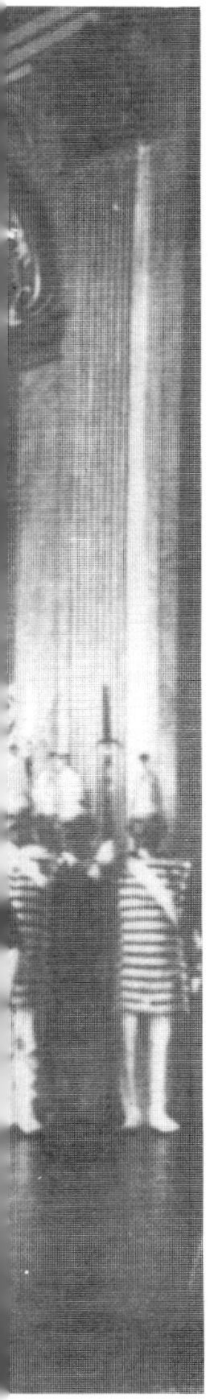

Königlicher Hof.

Hofstaat Seiner Majestät des Kaisers und Königs.

Oberstkämmereramt.

Geheimer Oberstkämmerer: Friedrich Fürst zu Solms-Baruth, erbliches Mitglied des Preuß. Herrenhauses, Kais. Kommissar und Militärinsp. der freiwilligen Krankenpflege bei der Armee im Felde, Königl. Preuß. Oberst à l. s. der Armee, Durchlaucht, Berlin NW. 7, Unter den Linden 77.

Geschäftszimmer: W. 64, Wilhelmstr. 73.

Ministerium des Königlichen Hauses.

Allerhöchst mit der Verwaltung des Ministeriums des Königl. Hauses beauftragt: Ober-Hof- und Hausmarschall und Oberzeremonienmeister Graf zu Eulenburg, General à l. s. der Armee, Kammerherr, Exzellenz, Berlin W. 64, Unter den Linden 36, I.

Direktor: Wirkl. Geh.-Rat Graf von Kanitz, Vizeoberzeremonienmeister, Kammerherr, Mitglied des Oberzeremonienamts, Exzellenz, Berlin NW. 7, Reichstagsufer 29. Geschäftszimmer: W. 64, Wilhelmstr. 73.

Oberste Hofchargen.

Oberstkämmerer: Friedrich Fürst zu Solms-Baruth, Oberst à l. s. der Armee, erbliches Mitglied des Herrenhauses, Kanzler des Hohen Ordens vom Schwarzen Adler, Durchlaucht, Berlin NW. 7, Unter den Linden 77.

Oberstmarschall: Fürst zu Fürstenberg, Oberst à l. s. der Armee und des 2. Seebataillons, erbliches Mitglied des Herrenhauses, Durchlaucht, Donaueschingen.

Oberstjägermeister: unbesetzt.

Oberstschenk: Herzog zu Trachenberg Fürst von Hatzfeld, erbliches Mitglied des Herrenhauses, Oberpräsident a. D., Generalmajor à l. s. der Armee, Durchlaucht, Dr. med. et jur. hon. c., Trachenberg i. Schles. und Berlin NW. 7, Unter den Linden 78.

Oberstruchseß: Fürst von Radolin, Durchlaucht, Kais. Botschafter a. D., Wirkl. Geh. Rat und Kammerherr.

Oberhofchargen.

Obergewandkämmerer: Georg Graf von Kanitz, Wirkl. Geh. Rat, Exzellenz, Kammerherr.

Ober-Hof- und Hausmarschall und Oberzeremonienmeister: Hugo Frhr. von Reischach, Exzellenz, Oberst à l. s. der Armee und Kammerherr.

Oberjägermeister vom Dienst: Frhr. von Heintze-Weißenrode, Chef des Hofjagdamtes, Oberstleutnant a. D., Exzellenz, Berlin W. 9, Potsdamerstr. 22, II.

Oberschloßhauptmann: Graf von Perponcher-Sedlnitzky (Louis), Kammerherr, Exzellenz, Ornshagen Kr. Regenwalde.

Generalintendant der Königl. Schauspiele: Graf von Hülsen-Haeseler, Rittmeister a. D., Kammerherr, Exzellenz, Berlin W. 64, Behrenstraße 31, I.

Oberstallmeister: Frhr. von Esebeck, Exzellenz, Oberst à l. s. der Armee, Berlin C. 2, Breitestr. 35.

Hausmarschall: Frhr. von Lyncker, Generalleutnant à l. s. der Armee, Exzellenz, Berlin NW. 6, Oberwallstr. 1, I, im Sommer: Potsdam, Orangerie.

Oberküchenmeister: Graf von Pückler, Major der Gardelandwehr a. D., Exzellenz, auf Rogau-Rosenau, Kr. Schweidnitz.

Hofstaat Ihrer Majestät der Kaiserin und Königin.

Oberhofmeisterin: Gräfin von Brockdorff geb. Freiin von Loën, Exzellenz, Berlin C. 2, Königl. Schloß I.

Palastdame: Fürstin zu Solms-Baruth geb. Gräfin von Hochberg Freiin zu Fürstenstein, Durchlaucht, in Klitschdorf (Schles.) und Berlin NW. 7, Unter den Linden 77.

Hofstaatsdamen: Ihre Exzellenz Mathilde Gräfin von Keller, Berlin C. 2, Königl. Schloß.
Ihre Exzellenz Clara von Gersdorff, Berlin C. 2, Königl. Schloß.

Hofdame: Gräfin zu Rantzau, Berlin C. 2, Königl. Schloß.

Ehrendame: Eleonore Gräfin zu Eulenburg, Berlin C. 2, Königl. Schloß.
Gräfin von Bassewitz.

Oberhofmeister: Sr. Exzellenz Frhr. von Mirbach, Kammerherr, Generalleutnant à l. s. der Armee, Berlin C. 2, Am Lustgarten 3.

Diensttuende Kammerherren: von Winterfeld, Kammerherr, Potsdam, Breite Straße 10.
von Redern, Kammerherr, Potsdam, Augustastraße 19.

Kabinetts-Chef: Frhr. Hugo von Spitzemberg, Kammerherr, Kabinettsrat u. Schatullverwalter, Berlin W. 30, Viktoria Luisenplatz 7.

Oberstkämmerer Friedrich Fürst zu Solms-Baruth (oben links).
Oberhof- und Hausmarschall August Graf zu Eulenburg (oben rechts).
Oberstschenk Dr. Hermann Herzog zu Trachenberg (unten links).
Oberstmarschall Maximilian Egon Fürst zu Fürstenberg.

Das Pagen-Korps

Zur höfischen Szenerie gehörte das Korps der Pagen. Sie rekrutierten sich aus Selektanern und Primanern der Hauptkadettenanstalt in Lichterfelde. Das Gros bildeten die Hofpagen. Daneben gab es Leibpagen (Bildmitte), die für ein Jahr dem Hofstaat selbst angehörten und jeweils zu zweien zum Dienst bei den Mitgliedern der königlichen Familie oder bei hohen Fürstlichkeiten, die zu Besuch weilten, bestimmt waren.

Zwei Meister

Anton v. Werner und Adolph v. Menzel (rechts) stellten ihre Kunst in den Dienst der Darstellung preußisch-deutscher Geschichte. Den beiden Meistern verdanken wir die großen Gemälde, die unsere ruhmreiche Vergangenheit gegenwärtig halten.

Die Botschaften

Das Diplomatische Korps in der Reichshauptstadt war sich seiner repräsentativen Verpflichtungen bewußt. Im Großen wie im Kleinen.
Nebenstehend der Portier und (rechts) eine Festtafel der kaiserlich russischen Botschaft.

Unten: In der königlich bayerischen Gesandtschaft. Zweiter von links der langjährige Gesandte Graf Lerchenfeld.

Diplomaten

Zu den hervorragendsten Repräsentanten ihrer Staaten zählten der russische Botschafter Graf Osten-Sacken (links) und der k. u. k. Botschafter Graf Szögyény-Marich (unten).

Staatsbesuche

Die zahlreichen Staatsbesuche ausländischer Monarchen trugen nicht wenig zu dem Glanz des deutschen Kaiserhofes bei. Das der damaligen internationalen Courtoisie entsprechende prunkvolle Zeremoniell zog alle in seinen Bann. Am Anfang stand stets der große Empfang der Gäste auf dem Bahnhof.
Unten: Begrüßung des norwegischen Königspaares durch meine Eltern.

Einholung der Gäste

Im feierlichen Zug, eskortiert von Garde-Kavallerie, wurden die hohen Gäste in die Hauptstadt eingeholt. Viele Tausende umsäumten die Straßen, auf denen die Equipagen dem königlichen Schloß zurollten.

Rechte Seite oben: König Christian X. von Dänemark in Berlin.
Unten: Präsident Theodore Roosevelt zu Besuch bei meinem Vater. Das Bild entstand auf dem Truppenübungsplatz Döberitz.

Auf dem Tempelhofer Feld

Magischer Anziehungspunkt für viele Staatsbesucher waren die Paraden auf dem Tempelhofer Feld, die eine großartige Truppenschau darstellten.

Paradegäste

Oben: Eine Abordnung amerikanischer Veteranen.
Unten: Chinesische Prinzen und Würdenträger bei der Parade des Garde-Korps.

Bei den Paraden

Königin Wilhelmina der Niederlande in Begleitung meiner Mutter auf dem Tempelhofer Feld.

Rechte Seite oben: Mein Bruder Joachim mit Kameraden vom 1. Garde-Regiment zu Fuß.
Unten: Meine Brüder Oskar (zu Pferd), August Wilhelm und Eitel-Friedrich, General v. Gontard und meine Schwägerin Charlotte.

Auslandsreisen

Kurz nach seinem Regierungsantritt statteten König Albert von Belgien und seine Gemahlin Elisabeth, eine bayerische Prinzessin, Potsdam einen Besuch ab, den meine Eltern in Brüssel erwiderten. Ich durfte sie begleiten. In Erinnerung sind mir noch die herzlichen Ovationen, die auch mir gebracht wurden: »Vive la fille!«

1908 beging Kaiser Franz Joseph sein 60. Regierungsjubiläum. Gemeinsam gratulierten die deutschen Bundesfürsten in Schönbrunn. Ich war bei dieser Gelegenheit zum erstenmal in Wien (unten).

Pola und Brioni

Oben: Auf der Reise nach Corfu besichtigten wir den österreichischen Kriegshafen Pola (rechts daneben ein Fort). Die Präsenz der k. u. k. Kriegsflotte in der Adria ist heute fast vergessen.

Auf Brioni fand eine der vielen Begegnungen meines Vaters mit dem Erzherzog-Thronfolger Franz Ferdinand (ganz rechts, in deutscher Admiralsuniform) statt.

In Wien

Mein Vater empfand für den alten Kaiser tiefe Zuneigung. Er sah in ihm den ritterlichsten und pflichttreuesten Monarchen.

Linke Seite unten: Ankunft meines Vaters in Wien.
Links: Die beiden Kaiser bei der Fahrt durch die Donaumetropole.

Monarchen-Treffen in Venedig

Mein Vater richtete es nach Möglichkeit so ein, daß er auf der Fahrt nach Corfu den König von Italien sah. Das Verhältnis zwischen den beiden Monarchen war gut, aber nicht besonders herzlich.

Unten: Die kaiserliche Jacht »Hohenzollern« mit dem kleinen Kreuzer »Hamburg« (links) vor Anker in Venedig.

Auf der Fahrt nach Corfu

Mit meinen Eltern auf dem Canale Grande.

Rechte Seite oben: Galatafel beim Empfang von Gästen an Bord der »Hohenzollern«.

Unten: Bei glatter See auf dem Promenadendeck. Sitzend von rechts Generaladjutant v. Scholl, der Kaiser, Generaloberst v. Moltke, Admiral v. Müller.

Unten: Der Marinemäler Willy Stöwer zeigt uns seine neuesten Bilder.

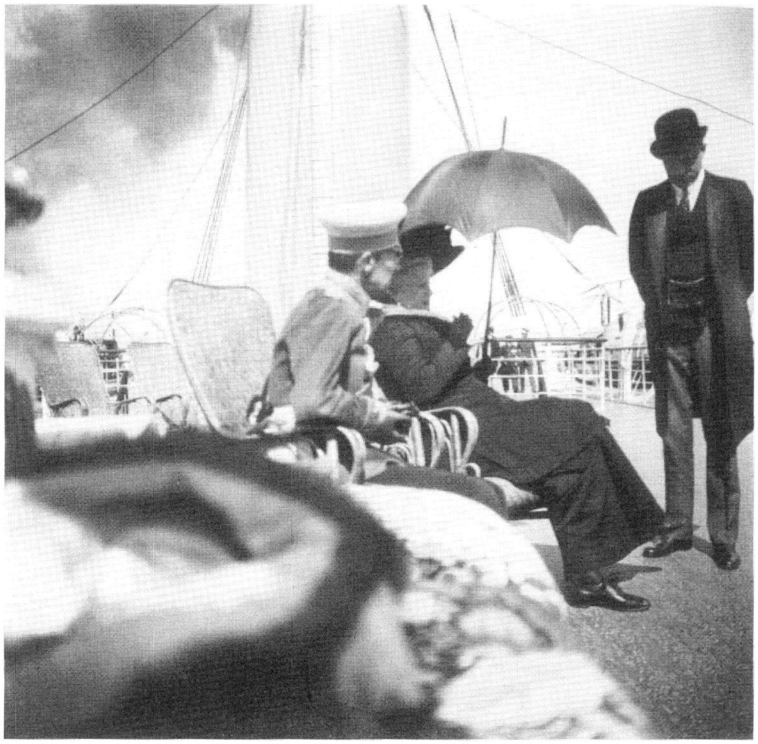

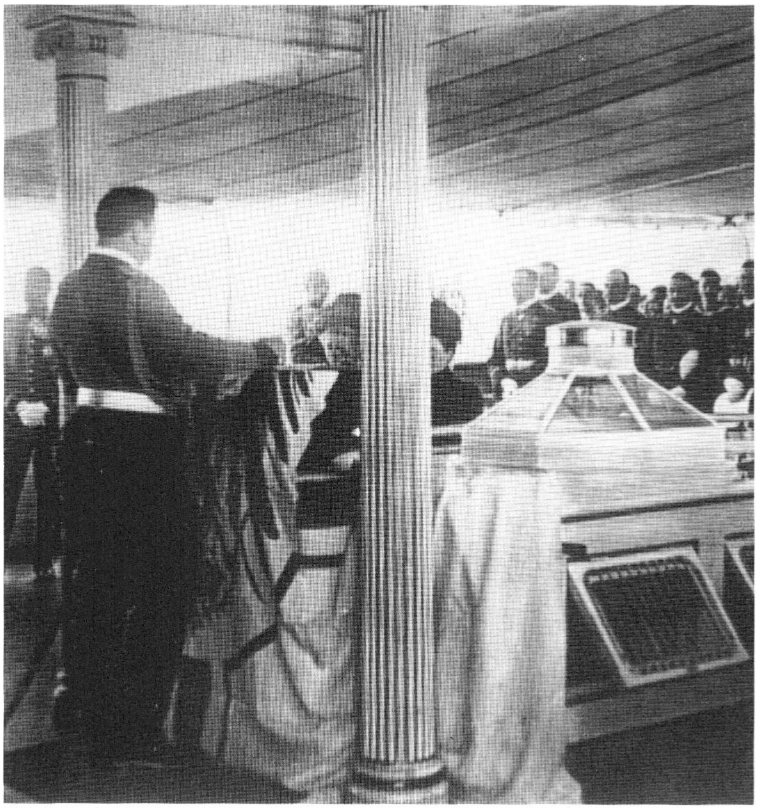

An Bord SMS »Hohenzollern«

Das Leben an Bord der kaiserlichen Jacht bot abwechselnde Bilder. Anlaß und Sinn der jeweiligen Fahrt bestimmten das Verhalten der Reisegesellschaft.

Oben: Der Kaiser beim Spaziergang an Deck.
Daneben: Dauerlauf meiner Brüder Eitel-Friedrich und Wilhelm mit Kapitän zur See Karpf. (Ganz rechts August Wilhelm.)

Linke Seite oben: Herzog Albrecht von Württemberg als Gast. Stehend neben der Kaiserin Freiherr v. Jenisch vom Auswärtigen Amt.
Unten: Der Kaiser beim Gottesdienst. Wenn kein Geistlicher anwesend war, hielt mein Vater selbst die Predigt.

Besichtigungen an Land

Linke Seite: Landung in Messina.
Darunter: Besichtigung des Klosters Monreale bei Palermo.

Links und unten: Auf dem Castello del Monte.

Das »Achilleion«

Es war, so könnte man sagen, das eigentliche Ferienhaus des Kaisers. Er hatte es von der Erzherzogin Marie Valerie erworben, selbstverständlich aus seiner Privatschatulle. Auf Corfu war mein Vater Zivilist und wollte es auch sein.

Peristyl und Vestibül des »Achilleion«.

Verdiente Erholung

Über Corfu schrieb ich einmal an meine Großtante Luise von Baden: »Papa, August Wilhelm und ich fahren morgen nach Wien – Corfu. Ich hoffe so, daß Papa sich auch recht erholen wird. Es war ein harter Winter für ihn, und er hat seine Sonne verdient. Hoffentlich werden die politischen Angelegenheiten keine weiteren Schatten auf unsere schöne Corfuzeit werfen«.

Oben: Mein Vater (links) und ich (rechts) mit König Georg I. von Griechenland auf Corfu.

Urlaubsfreuden

Oben: Ständchen der Matrosenkapelle. Vorn von rechts die Kaiserin, der Kronprinz, die Kronprinzessin, der Kaiser.
Darunter: Ausritt mit Oskar, Gräfin Rantzau und August Wilhelm (von links).

Links: Mein Vater bei einem Ausflug. Zum Picknick gab es Sandkuchen mit Schokoladenguß (rechts Graf Eulenburg).

Unten: Der Kaiser bei einem Spaziergang mit seiner Schwester Sophie, damals Kronprinzessin von Griechenland.

Die griechische Familie zu Besuch

Von links Prinzessin Marie, Prinz Christoph, König Konstantin I., Prinzessin Helene, ich, Prinz und Prinzessin Andreas (die Eltern des heutigen Herzogs von Edinburgh).

Vater und Sohn

Ankunft des Kronprinzen auf Corfu nach seiner Indienreise.

Sportfest der Matrosen der »Hohenzollern«. Königin Sophie bei der Preisverteilung. Rechts neben dem Kaiser Kapitän zur See Karpf. Im Gespräch mit Prinzessin Helene Korvettenkapitän Werth.

Englischer Flottenbesuch

Der Herzog von Connaught, meine Mutter, die Herzogin von Connaught. Der Herzog gab auf dem Flaggschiff für uns einen großen Ball, zu dem auch deutsche und österreichische Seeoffiziere eingeladen wurden.

Auf der Insel ging mein Vater einer Lieblingsbeschäftigung nach, der Archäologie. Es traf sich sehr glücklich, daß Professor Dörpfeld, der Begründer der modernen Ausgrabungstechnik, dort arbeiten konnte. Später hat mein Vater archäologische Abhandlungen veröffentlicht, die auch in der Fachwissenschaft große Anerkennung fanden.

Die Nordlandreisen

Zu seinen Fahrten nach Norwegen und in die dortigen Gewässer zog mein Vater stets Künstler und Gelehrte hinzu.

In Balholm (linke Seite oben): Prinz Albert zu Schleswig-Holstein, Professor Dahl, der Kaiser, Professor Stöwer.
Unten: Rast bei einer Gebirgstour.

Oben beim Lachsangeln (rechts Mr. Byron, ein englischer Angelsportler).

Begegnungen

Mit König Haakon von Norwegen und (rechts vom Kaiser) Ministerpräsident Michelsen.

Begrüßung des Kaisers durch Hardanger Mädchen.

Mehrmals hat sich der Kaiser mit dem Zaren getroffen. Nach Hela kam der Zar mit seiner Jacht »Standart«.

Die Zarenfamilie

Bei der Zusammenkunft von Baltischport besichtigte mein Vater sein russisches Infanterie-Regiment Wyborg.

Mit dem Zaren bei der Rückkehr von der Parade. Hinter dem Zaren von links Prinz Adalbert, Bethmann Hollweg. Großfürst Nikolaus Nikolajewitsch.

Das Bild entstand 1909 in Björkö. Es zeigt die Zarenfamilie an Bord der »Hohenzollern«. Links das Zarenpaar und der Zarewitsch, rechts die Prinzessinnen.

In der Schweiz

1912 stattete der Kaiser der Schweiz einen Besuch ab, stürmisch begrüßt von den sonst so ruhigen und bedächtigen Eidgenossen. Mein Vater trug die Uniform des Garde-Schützen-Bataillons, einer Truppe, die einst im Kanton Neuchâtel, der als Fürstentum Neuenburg lange Zeit der preußischen Krone gehört hatte, aufgestellt worden war. Noch zu meiner Zeit dienten Angehörige namhafter Schweizer Familien in Berlin-Lichterfelde bei den Garde-Schützen.

Linke Seite: Besichtigung des Berner Münsters. Rechts vom Kaiser Bundespräsident Forrer.

Oben: Manöver bei St. Gallen. Der Kaiser im Gespräch mit Generalstabschef v. Sprecher. Vorn links Oberstkorpskommandant Wille.

Ein Familienbild aus England

Als Eduard VII. den englischen Thron bestieg, glaubte der Kaiser, die deutsch-englischen Beziehungen würden keine Änderung erfahren, schon wegen der engen verwandtschaftlichen Beziehungen. Das war ein Trugschluß. Das Verhältnis zwischen den beiden Staaten wurde diffizil.
Bei einem Besuch in England: Von links Prinz Albert zu Schleswig-Holstein (seine Mutter war eine Tochter der Queen Victoria), der Herzog von Connaught, die Herzogin von Connaught (eine Tochter Prinz Friedrich Karls von Preußen, des bekannten Feldmarschalls), der Kaiser, König Eduard – sitzend die Kaiserin und Königin Alexandra von England – davor meine Brüder August Wilhelm und Oskar.

Der Baum von Highcliffe Castle

Während eines mehrwöchigen Aufenthaltes 1907 in England, bei dem er einen Gedankenaustausch mit Politikern, Professoren und Journalisten führte, hielt sich der Kaiser auch bei General Sir Stuart-Wortley in Highcliffe Castle auf, in dessen Park er eine Eiche für die deutsch-englische Freundschaft pflanzte.

THE DAILY TELEGRAPH, WEDNESDAY, OCTOBER 28, 1908.

QUEEN ALEXANDRA'S CHRISTMAS GIFT BOOK

"PHOTOGRAPHS FROM MY CAMERA."

THE HEAVY DEMAND SUSTAINED.

Yesterday's announcement that an additional 100,000 copies of Queen Alexandra's Gift Book were being printed had the expected result. Orders have since been received bespeaking between 20,000 and 30,000 copies. At this rate the whole half a million volumes in print will have been disposed of in a few days. That fact need not give rise to any fears on the part of intending purchasers who do not happen to make application before this huge quantity is sold. As we have already explained, the publishers will be able to cope with the demand, even should it be for a million copies or more. But this assurance does not render it less desirable that applications should be sent in at the earliest possible moment.

Many purchasers having failed to follow closely the announcements made from day to day, have written expressing surprise that the delivery of their purchases did not follow in a day or two after the sending of their orders. We take the opportunity, therefore, of repeating that the date of publication is Nov. 12—a fortnight to-morrow. On that day the first copies will be despatched, and there will be no interruption of the distribution until every ... is fulfilled.

THE GERMAN EMPEROR AND ENGLAND.

PERSONAL INTERVIEW.

FRANK STATEMENT OF WORLD POLICY.

PROOFS OF FRIENDSHIP

We have received the following communication from a source of such unimpeachable authority that we can without hesitation commend the obvious message which it conveys to the attention of the public.

Discretion is the first and last quality requisite in a diplomatist, and should still be observed by those who, like myself, have long passed from public into private life. Yet moments sometimes occur in the history of nations when a calculated indiscretion proves of the highest public service, and it is for that reason that I have decided to make ... the substance of a leng... ... vers...

uppermost in his mind—his proved friendship for England. "I have referred," he said, "to the speeches in which I have done all that a Sovereign can to proclaim my goodwill. But, as actions speak louder than words, let me also refer to my acts. It is commonly believed in England that throughout the South African War Germany was hostile to her. German opinion undoubtedly was hostile—bitterly hostile. The Press was hostile; private opinion was hostile. But what of official Germany? Let my critics ask themselves what brought to a sudden stop, and, indeed, to absolute collapse, the European tour of the Boer delegates who were striving to obtain European intervention? They were fêted in Holland; France gave them a rapturous welcome. They wished to come to Berlin, where the German people would have crowned them with flowers. But when they asked me to receive them—I refused. The agitation immediately died away, and the delegation returned empty-handed. Was that, I ask, the action of a secret enemy?"

"Again, when the struggle was at its height, the German Government was invited by the Governments of France and Russia to join with them in calling upon England to put an end to the war. The moment had come, they said, not only to save the Boer Republics, but also to humiliate England to the dust. What was my reply? I said that so far from Germany joining in any concerted European action to put pressure upon England and bring about her downfall, Germany would always keep aloof from politics that could bring her into complications with a Sea Power like England. Posterity will one day read the exact terms of the telegram—now in the archives of Windsor Castle—in which I informed the Sovereign of England of the answer I had returned to the Powers which then sought to compass her fall. Englishmen who now insult me by doubting my word should know what were my actions in ...

Die »Daily Telegraph-Affäre«

1908 wurde auf Anregung von Sir Stuart-Wortley ein Extrakt aus den Gesprächen des Vorjahres im »Daily Telegraph« veröffentlicht. Der Artikel sollte der Verbesserung der Beziehungen zwischen beiden Ländern dienen, indem er dem Leser die verläßliche Freundschaft des deutschen Kaisers für England unter Beweis stellte. Der Versuch scheiterte. Wie auf ein Stichwort hin wurde der Kaiser in der englischen und deutschen Presse heftig angegriffen.

Bülow ging – Bethmann-Hollweg kam

Der Kaiser hatte die Veröffentlichung sehr sorgfältig behandelt, und Reichskanzler Fürst Bülow hatte den Zeitungsartikel zur Prüfung erhalten. Als der Pressesturm anhub, suchte Bülow die Verantwortung auf den Kaiser abzuschieben. Die Charakterlosigkeit Bülows war für meinen Vater eine furchtbare Enttäuschung. Im Jahr darauf erhielt Bülow den Abschied. Sein Nachfolger wurde Bethmann-Hollweg.

Windsor Castle 1910

1910 starb Eduard VII. Zu den Trauerfeierlichkeiten fanden sich die gekrönten Häupter Europas ein. Im Trauerzug ritt mein Vater neben dem englischen König.

In Windsor Castle stellten sich die Monarchen dem Fotografen. Es entstand eine bemerkenswerte historische Aufnahme. Von links: Haakon VII. von Norwegen, Ferdinand I. von Bulgarien, Manuel II. von Portugal, der Kaiser, Georg I. von Griechenland, Albert I. von Belgien. Sitzend von links: Alfons XIII. von Spanien, Georg V. von England, Friedrich VIII. von Dänemark.

Denkmalsenthüllung in London

Im Mai 1911 durfte ich meine Eltern nach England begleiten. Der äußere Anlaß war die Enthüllung des Denkmals für Queen Victoria. Wir wurden von der königlichen Familie und der Bevölkerung herzlich empfangen. In seiner Ansprache bei der Denkmalsenthüllung fand König Georg warme Worte der Freundschaft für den Kaiser.

Die Ehrenloge

Oberste Reihe von links: Prinzessin Mary, Prinz Eduard (der spätere Herzog von Windsor), Generaloberst v. Plessen, Königin Mary, der Kaiser, König

Georg, die Kaiserin, der Herzog von Connaught, ich, Prinz Arthur (Sohn des Herzogs von Connaught).

Die »Aviatiker«

Großes Aufsehen erregten im ersten Jahrzehnt unseres Jahrhunderts die Flugversuche mit Luftschiffen und Flugzeugen.
1909 landete Graf Zeppelin in Berlin. Der Kaiser begrüßte ihn persönlich bei der Landung.

Wenig später führte der »Aviatiker« Orville Wright (links mit der Kaiserin und Gräfin Brockdorff) seinen Flugapparat vor.
Darunter: Aufstieg zu einem Überlandflug in Hannover 1911.

Die »Kieler Woche«

Unter der Schirmherrschaft meines Vaters entwickelte sie sich zu einer glänzenden maritimen Veranstaltung. Die Admirale versammelten sich um den Kaiser, und aus dem Ausland kamen prominente Gäste.
Eine Sensation war 1912 das Erscheinen des Luftschiffes »Viktoria Luise« über den Regatten. Von dort flog es nach Helgoland. Es war die erste Fahrt eines Luftschiffes über See.

Rechte Seite oben: Viktor Emanuel III. in Kiel, im Gespräch mit Großadmiral v. Tirpitz, dem Kaiser und Admiral v. Ingenohl.
Unten: Der Fürst von Monaco.

Der Kaiser mit Admiral v. Holtzendorff, dem Chef der Hochseeflotte.

Amerikanische Gäste

Anläßlich der »Kieler Woche« 1911 stattete ein US-Geschwader einen Besuch ab. Mein Vater empfing Admiral und Kommandanten.
Unten: Die »Hohenzollern« beim Passieren der amerikanischen Kriegsschiffe.

Die Kaiserliche Marine

Die deutsche Kriegsmarine war das Werk meines Vaters. Er hat das Signal zu ihrem Bau gesetzt, und in seiner Regierungszeit erlebte sie ihre große Blüte. Die deutschen Seestreitkräfte waren allein für die Defensive bestimmt, für den Schutz unseres Welthandels und unserer Besitzungen in Übersee.
Großadmiral v. Tirpitz (oben links), der langjährige Leiter des Reichsmarineamtes, war der Schöpfer der deutschen Flotte.

Rechte Seite unten: Der Kaiser kommt an Bord (neben dem Kaiser Admiral Graf Platen).

Stapellauf in Kiel

Die Kaiserliche Marine hatte sich aus der bescheidenen preußischen Flotte entwickelt. 1913 stand sie an zweiter Stelle unter den Seemächten (siehe unten).

Rechte Seite: 1911 durfte ich auf der Howaldt-Werft in Kiel beim Stapellauf von SMS »Kaiserin«, einem Dreadnought, die Namensgebung vollziehen. Bei der Ankunft: von links die Kaiserin und ich, der Kaiser, Prinz Heinrich, Großadmiral Köster und mein Bruder Adalbert.

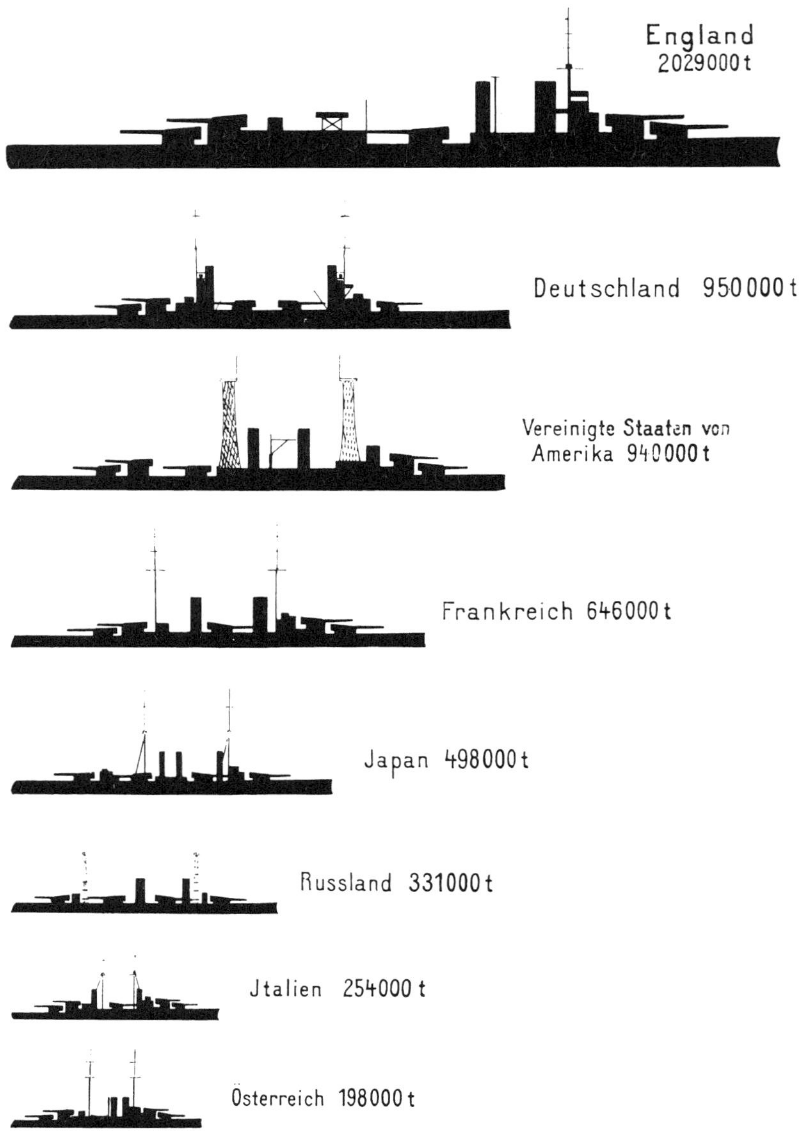

Feier zum 25. Jahrestag der Indienststellung der »Hohenzollern« 1913 in Kiel.

In Stettin

Das schwedische Königspaar war Mittelpunkt eines glanzvollen militärischen Schauspiels, der Parade des II. Armee-Korps in Stettin.
Rechts: Die Königin von Schweden bei der Besichtigung des Füsilier-Regiments Nr. 34, dessen Chef sie war. Neben ihr in Marineuniform mein Bruder Adalbert.

Der König von Schweden

Mein Vater ehrte König Gustav V. mit der Verleihung des Bromberger Grenadier-Regiments zu Pferde, das auf den Schulterstücken von nun an seine Initialen trug.

Links: Der König von Schweden führt sein Regiment dem Kaiser vor.

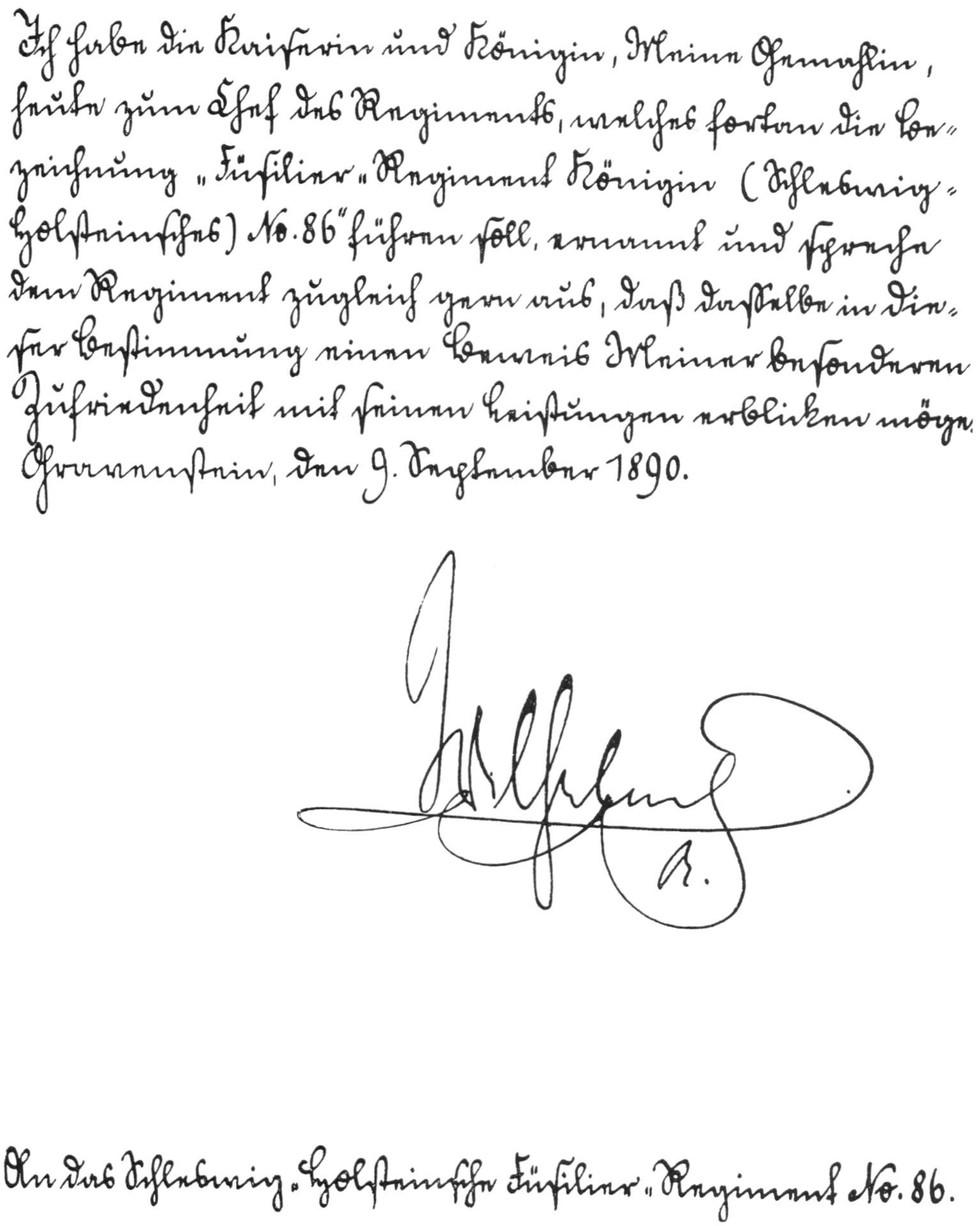

Ich habe die Kaiserin und Königin, Meine Gemahlin, heute zum Chef des Regiments, welches fortan die Bezeichnung „Füsilier-Regiment Königin (Schleswig-Holsteinsches) No. 86" führen soll, ernannt und spreche dem Regiment zugleich gern aus, daß dasselbe in dieser Bestimmung einen Beweis Meiner besonderen Zufriedenheit mit seinen Leistungen erblicken möge.
Gravenstein, den 9. September 1890.

Wilhelm R.

An das Schleswig-Holsteinsche Füsilier-Regiment No. 86.

Die Urkunde über die Ernennung der Kaiserin zum Chef des Infanterie-Regiments Nr. 86.

Linke Seite: Das Regiment des Königs von Schweden und (unten) die Pasewalker Kürassiere während der Parade in Stettin. Chef des Pasewalker Regiments war meine Mutter.

Graf v. Schlieffen

Fünfzehn Jahre lang war Graf v. Schlieffen Chef des Generalstabes der Armee. Ein großartiger Denker und eine imponierende Erscheinung zugleich. Er war nach Moltke der Lehrmeister der Armee.

Unablässig wurde an ihrer Modernisierung gearbeitet. Schnellfeuerwaffen wurden eingeführt (rechte Seite oben), und das Feldgrau begann den »bunten Rock« zu verdrängen.

Darunter: Besichtigung des Lehr-Infanterie-Bataillons in der neuen Felduniform durch Zar Ferdinand von Bulgarien.

Die Ausbildung der Truppe

Die Armee, deren Oberster Kriegsherr der Kaiser war, hat sich nicht auf den Lorbeeren früherer Siege ausgeruht. Sie hatte Deutschlands Schutz in dessen exponierter geopolitischer Mittellage zu gewährleisten und wurde auf dem höchsten Stand der Leistungsfähigkeit gehalten. Bei den militärischen Übungen saß der Kaiser oft den ganzen Tag über im Sattel. »Ich will den Leuten zeigen, daß ich mitmache«, erklärte er mir einmal, »sie würden sonst am Ende denken, der sitzt da zu Haus, und wir können uns abplagen.«

Feldmarschmäßig

Gepäckmarsch einer Infanterie-Kompanie.

Das 1. Garde-Regiment zu Fuß im Gelände.

Kaisermanöver

Die großen Manöver waren ein wichtiges militärisches Ereignis. Hier erwies sich der Ausbildungsstand der Truppe. Sie stellten aber auch den Zeitpunkt dar, an dem sich alljährlich das Schicksal der älteren Offiziere entschied.
Oben: Mein Vater 1912 während einer Lagebesprechung im sächsischen Riesa.

Linke Seite oben: Übergang über die Elbe auf einer Pontonbrücke. Darunter: Feldartillerie in Stellung.

Feldmarschall Frhr. v. d. Goltz

Beim Kaisermanöver in Ostpreußen: Feldmarschall Freiherr v. d. Goltz, Organisator und Militärwissenschaftler von hohem Rang. Links neben ihm die Rittmeister v. Ammon und Ritgen (vom 1. und 2. Leibhusaren-Regiment).

Rechte Seite: Die Kavallerie. Patrouillenritt Ansbacher Ulanen.
Darunter: Offiziere der Garde-Kavallerie.

Manövergäste

Winston Churchill, damals 32jähriger Unterstaatssekretär, nahm an dem Kaisermanöver in Schlesien teil. Er begleitete meinen Vater ins Manövergelände und urteilte: »Der Kaiser sprach mit der ihm eigenen Leichtigkeit und der Majestät, die niemand ihm absprechen konnte.«

Rechte Seite oben: Offiziere der Schweizer Armee.

Darunter: Nach Abbruch der Übungen strömte das Heer der Schlachtenbummler auf das Manövergelände.

Ein begehrtes Dokument

Für das Fotografieren im Manövergelände galten strenge Vorschriften. Kein Geringerer als Graf v. Schlieffen, der Chef des Generalstabes selbst, unterzeichnete die Passierscheine oder besser gesagt den Passierschein, denn im allgemeinen wurde nur ein Fotograf zugelassen.

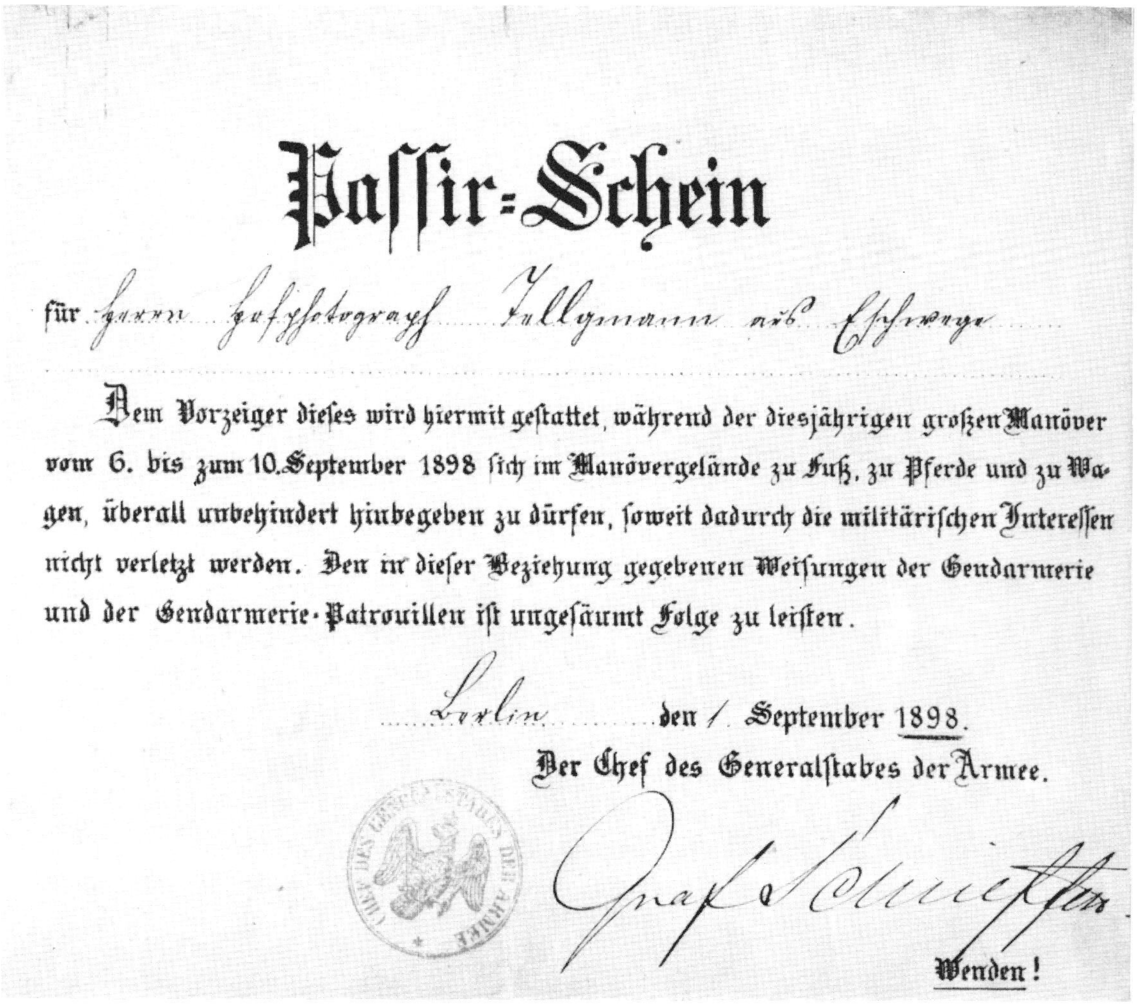

Passir-Schein

für Herrn Hofphotograph Tellgmann aus Eschwege

Dem Vorzeiger dieses wird hiermit gestattet, während der diesjährigen großen Manöver vom 6. bis zum 10. September 1898 sich im Manövergelände zu Fuß, zu Pferde und zu Wagen, überall unbehindert hinbegeben zu dürfen, soweit dadurch die militärischen Interessen nicht verletzt werden. Den in dieser Beziehung gegebenen Weisungen der Gendarmerie und der Gendarmerie-Patrouillen ist ungesäumt Folge zu leisten.

Berlin den 1. September 1898.

Der Chef des Generalstabes der Armee.

Graf Schlieffen

Wenden!

Die Fotografen

Würdig gekleidet, im Gehrock oder Smoking und mit Zylinder, fanden sich die Fotografen mit ihrem Personal bei den Paraden ein. Die obige Aufnahme entstand 1912. In jenem Jahr paradierte auf dem Tempelhofer Feld neben dem Garde-Korps auch das III. Armee-Korps, und da entschloß man sich höheren Orts, zwei Fotografen zuzulassen: Die Firma Franz Tellgmann aus Mühlhausen und die Firma Oskar Tellgmann aus Eschwege. Sie waren auf Manöver- und Paradefotografie spezialisiert und wurden wechselseitig herangezogen. Nicht ohne Stolz vermerkte einer von ihnen zu obigem Bild: »Mit besten Cameras und Munition für 400 Platten-Aufnahmen… unter der historischen Pappel.« Die Pappel – sie war ein Begriff. In ihrer Nähe hielt der Kaiser, wenn er die Paraden abnahm, und so war sie Richtpunkt der Kolonnen.

Verwandte und Verbündete

Auch Mitglieder ausländischer Fürstenhäuser dienten in der preußischen Armee. Zumeist taten sie Dienst wie jeder andere Offizier auch.

Linke Seite oben: Der spätere König Georg II. von Griechenland. Rechts von ihm General v. Tatischtschew, der persönliche Adjutant des Zaren bei meinem Vater.

Linke Seite unten: Der spätere König Carol II. von Rumänien mit Kameraden vom 1. Garde-Regiment zu Fuß (von links Oberleutnant Prinz Carol, die Hauptleute v. Schilling und v. Riedesel, Oberleutn. v. Keudell, sitzend Leutn. v. Werner).

Oben: 1913 in Schlesien beim letzten Kaisermanöver. Der Kaiser und die Generalstabchefs des Dreibundes. Von links der italienische General Pollio, mein Vater, General Conrad v. Hötzendorf und Generaloberst v. Moltke.

Manöver im Elsaß

Einzug des Kaisers an der Seite des Großherzogs Friedrich I. von Baden in Lauterburg.

»Das Ganze halt!«

Wenn dies Signal erklang, wurde Rast gemacht. Dann kam der letzte Tag im Manöver mit vielen Späßen und – viel Bier.

Eine Bildstudie

Bei der Bildauswahl fügten sich diese vier Aufnahmen von Manöverszenen wie von selbst aneinander. Sie zeigen die unterschiedliche Haltung meines Vaters bei Gesprächen mit verschiedenen Gesprächspartnern.

Gelockert, fast vergnügt, mit dem ihm befreundeten Manövergast Lord Lonsdale.

Jovial und vertraut mit dem k.u.k. Militärattaché Major Freiherr v. Bienerth.

In respektvoller Haltung im Gespräch mit dem Generalstabschef Graf v. Schlieffen.

Familiär und nicht ohne Stolz mit seinem Schwager Konstantin von Griechenland.

St. Moritz

Das Jahr 1912 begann für mich im Zeichen einer hartnäckigen Bronchitis. Um sie auszukurieren, begleitete ich meinen Bruder Wilhelm und meine Schwägerin Cecilie nach St. Moritz.
Unten: Der Kronprinz beim Bobrennen.

Rechte Seite oben: Es waren meine ersten Versuche auf den Brettern.
Darunter: Schlittenfahrt mit dem Kronprinzenpaar und Graf und Gräfin Wedel.

Der Tod des Prinzen Georg Wilhelm

Am 20. Mai 1912 fand bei einem Autounfall in der Nähe von Nackel in der Mark Brandenburg Prinz Georg Wilhelm von Hannover (rechts) den Tod. Der Prinz war der älteste Sohn des Herzogs von Cumberland. Er war österreichischer Offizier. Mein Vater beorderte sogleich zwei meiner Brüder und eine Einheit der Zieten-Husaren als Ehrenwache und zum Geleit.

Einige Zeit später erschien bei uns in Potsdam in Begleitung seines Schwagers, des Prinzen Max von Baden, der jüngere Sohn des Herzogs von Cumberland, Prinz Ernst August, um den Dank seiner Eltern für die Anteilnahme zu übermitteln. Bei dieser Gelegenheit sah ich meinen Mann zum ersten Mal.

Oben: Prinz Ernst August mit Max von Baden auf dem Weg zum Neuen Palais. Knapp eine Stunde später standen wir uns gegenüber.

Der Herzog von Cumberland

Die welfische Familie wohnte im oberösterreichischen Gmunden am Traunsee. Dort hatte der hannoversche Kronprinz, Sohn des 1866 von Preußen entthronten Königs Georg V., seinen Wohnsitz genommen. Nachdem der König gestorben war, führte er den Titel Herzog von Cumberland. Seine Gemahlin Thyra war eine Tochter König Christians IX. von Dänemark.
Oben: Das herzogliche Schloß in Gmunden.

Telegraphie
des
Deutschen Reichs.
Berlin C. Schloß-Telegraphenamt.

Aufgenommen den 9/1 um 7 Uhr 35 M. N mitt.

Ausgefertigt den / um Uhr M. mitt.

Aufgegeben in Partenkirchen 29 W. 1913 den 9 ten/1 um 5 Uhr 35 Min. N mitt.

Prinzeß Victoria Louise
Neues Palais
Potsdam

Just had tea and long talk with somebody dining with Adalbert only we three thinking all time of you darling tender love

Cilly

V 15a

Diskrete Sondierungen

Die Vermählung eines hannoverschen Prinzen mit einer preußischen Prinzessin erschien zunächst unmöglich. Noch immer befand sich das Haus Hannover mit Preußen im Kriegszustand. Die Vermittlung übernahmen Max von Baden, meine Schwägerin Cecilie und mein Bruder Adalbert. Die Sondierungen erfolgten sehr diskret.

Linke Seite: Ein verschlüsseltes Telegramm der Kronprinzessin über ein Gespräch mit Prinz Ernst August.
Während des Kaisermanövers im Herbst 1912, sah mein Vater Prinz Ernst August, der beim bayerischen 1. Schweren Reiter-Regiment stand. Der Prinz war ihm bei einer fabelhaften Patrouille aufgefallen, und mein Vater beglückwünschte ihn dazu (Bild oben, aufgenommen von Fürst Fürstenberg).

Verlobung in Karlsruhe

Endlich waren die Schwierigkeiten überwunden. Meine Mutter notierte: »Mein Kind, ihr Vater und ich waren strahlend glücklich.« Im Februar 1913 fand im Schloß Karlsruhe unsere Verlobung statt. Bei der Wahl des Ortes dachte mein Vater an das historische und familiäre Kolorit der badischen Familie. Es lag ihm auch daran, daß die Großherzogin-Witwe Luise, die Tochter Wilhelms I., ihren Segen zu dieser Verlobung gäbe.

Spaziergang am Verlobungstag.

Bei der hannoverschen Familie

Meine Mutter und ich fuhren nach Gmunden, um meine Schwiegereltern kennenzulernen. Das im Jagdhaus »Hubertihaus« aufgenommene Bild zeigt von links Prinzessin Olga v. Hannover, Großherzog Friedrich Franz IV. v. Mecklenburg-Schwerin und seine Gemahlin

Alexandra (Tochter des Herzogs v. Cumberland), den Herzog v. Cumberland, meinen Bräutigam und mich, die Kaiserin, Herzogin Thyra, Prinz Max v. Baden und seine Gemahlin Marie Louise, älteste Tochter des Herzogs v. Cumberland. – Mein Schwager Max v. Baden kommentierte dieses Foto übrigens mit den Worten: »Wir sehen aus wie die Sänger vom finstren Walde.«

»Ende gut – alles gut!«

Zur Vorbereitung der Hochzeit trafen sich meine Eltern und meine Schwiegereltern in Bad Homburg. Während die Beauftragten der beiden Häuser um die Beilegung staatsrechtlicher Kontroversen bemüht waren, zeigte mein Vater den Gästen die Saalburg (unten meine Mutter mit Herzogin Thyra).
Oben die Schaumünze zu unserer Vermählung.

Zur Hochzeit in Berlin

(Zeichnung von O. Gulbransson)

„Kinder, habt euch lieb! Und das Jahr 66 wollen wir jetzt auslöschen!"

Schließlich war alles geregelt. Der Zeichnung von Gulbransson im »Simplizissimus« bleibt wenig hinzuzufügen.

Ankunft der Hochzeitsgäste

Oben: Zar Nikolaus II. wird von meinem Vater eingeholt.

Linke Seite oben: Abfahrt der Königin von England mit der Kaiserin vom Lehrter Bahnhof.
Unten: Anfahrt der Gäste im Schloßhof des königlichen Schlosses.

Berlin war in Feststimmung

Jede Hofkutsche wurde mit freudigen Zurufen begrüßt. Fliegende Händler verkauften Fahnen und Fähnchen zum Zuwinken.

Die Schaulustigen kamen angesichts der vielen Fürstlichkeiten und ihrer Gefolge auf ihre Kosten.

Unten: Der Leibkosak des Zaren.
Rechts: Den Abschluß der Hochzeitsfeierlichkeiten bildete der traditionelle Fackelzug im Weißen Saal.

Glückwunschadressen

Dem Stil der Zeit entsprechend erhielten mein Mann und ich eine Vielzahl von Glückwunschadressen. Sie kamen von Universitäten, Städten, Regimentern, Logen und Vereinigungen der verschiedensten Art. Alle diese Adressen waren schmuckreich gearbeitet, oft in Leder gebunden, geprägt und kunstvoll verziert.

Als Beispiel zwei Blätter aus der Adresse der Gmundener Bürgerschaft. Ich zitiere sie um so lieber, weil der darin ausgesprochene Wunsch, ich möge Gmunden als zweite Heimat liebgewinnen, in Erfüllung ging.

Die Vettern

Unter den Hochzeitsgästen befanden sich mehrere Vettern meines Mannes. So der König von England und der Zar. Die Mütter dieser drei Vettern waren Schwestern, Töchter Christians IX. von Dänemark, den man den »Schwiegervater Europas« nannte. Die frappierende Ähnlichkeit der Vettern Georg und Nikolaus war allgemeines Gesprächsthema. Die »Berliner Illustrirte« nahm das zum Anlaß der nebenstehenden Karikatur.

Unten: König Georg von England besucht die 1. Garde-Dragoner. Er war Chef dieses Regiments.
Linke Seite: Ein Gemälde meines Mannes von Eissfeldt.

Parade vor dem Zaren

Im äußeren Schloßhof besichtigte Zar Nikolaus von Rußland sein Regiment, die Kaiser-Alexander-Gardegrenadiere. Sie trugen zur Parade wie das 1. Garde-Regiment zu Fuß friderizianische Grenadiermützen. Den Abschluß bildete ein Vorbeimarsch. Der Zar war übrigens auch Chef des westfälischen Husaren-Regiments Kaiser Nikolaus II. von Rußland und des Kürassier-Regiments Nr. 6. das in Brandenburg stand.

Der Brautschatz

Wie unsere Eheringe aus schlesischem Gold gearbeitet wurden, so waren auch meine Brautgewänder und der Brautschatz auf Weisung meiner Mutter in Deutschland, zum Teil in Heimarbeit hergestellt. Das Drap d'argent, das Silbergewebe des Kleides und der Brautschleppe (oben), kam aus der Krefelder Spinnerei. An der Stickerei der Schleppe hatten 21 Stickerinnen zwei Monate lang gearbeitet. Der Brautschleier war in einer Spitzenschule von 70 Arbeiterinnen in sechs Wochen angefertigt worden.

Ausstellung der Geschenke

Brautgewänder, Brautschatz und Hochzeitsgeschenke wurden im Berliner Kunstgewerbe-Museum ausgestellt, wo sie, wie das untere Bild zeigt, großes Interesse fanden. Die Zahl der Geschenke war so groß, daß für den Transport dorthin mehrere Möbelwagen eingesetzt werden mußten.

Flitterwochen

Die Hochzeitsreise brachte uns zunächst nach dem Jagdschloß »Hubertusstock« in der Schorfheide am Werbellinsee, dann nach Berchtesgaden.
Später hatte mein Mann dann seinen Dienst bei den Zieten-Husaren anzutreten (siehe rechte Seite).

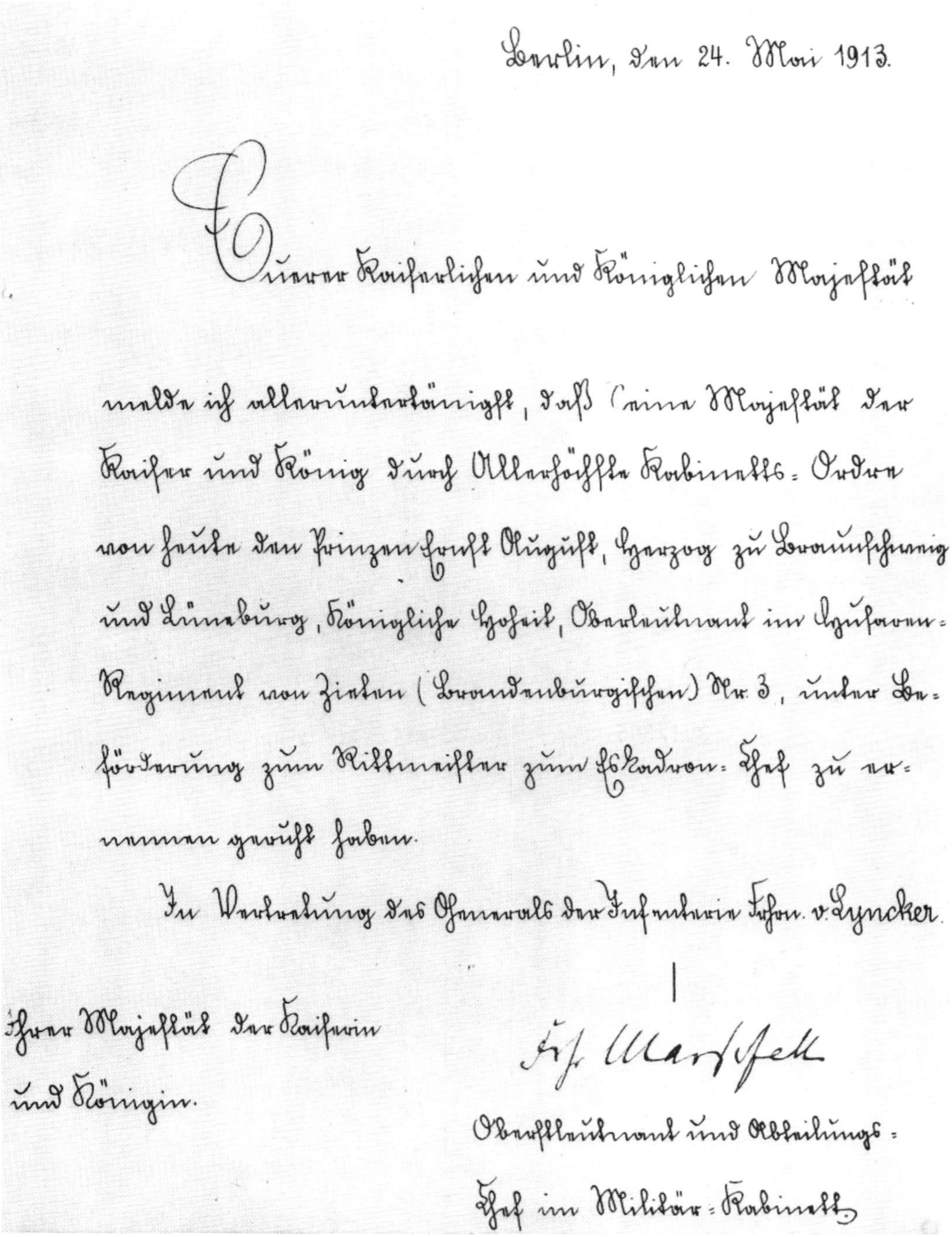

Berlin, den 24. Mai 1913.

Euerer Kaiserlichen und Königlichen Majestät

melde ich alleruntertänigst, daß Seine Majestät der Kaiser und König durch Allerhöchste Kabinetts-Ordre von heute den Prinzen Ernst August, Herzog zu Braunschweig und Lüneburg, Königliche Hoheit, Oberleutnant im Husaren-Regiment von Zieten (Brandenburgischen) Nr. 3, unter Beförderung zum Rittmeister zum Eskadron-Chef zu ernennen geruht haben.

In Vertretung des Generals der Infanterie Frhr. v. Lyncker

Ihrer Majestät der Kaiserin und Königin.

Frh. Marschall

Oberstleutnant und Abteilungs-Chef im Militär-Kabinett

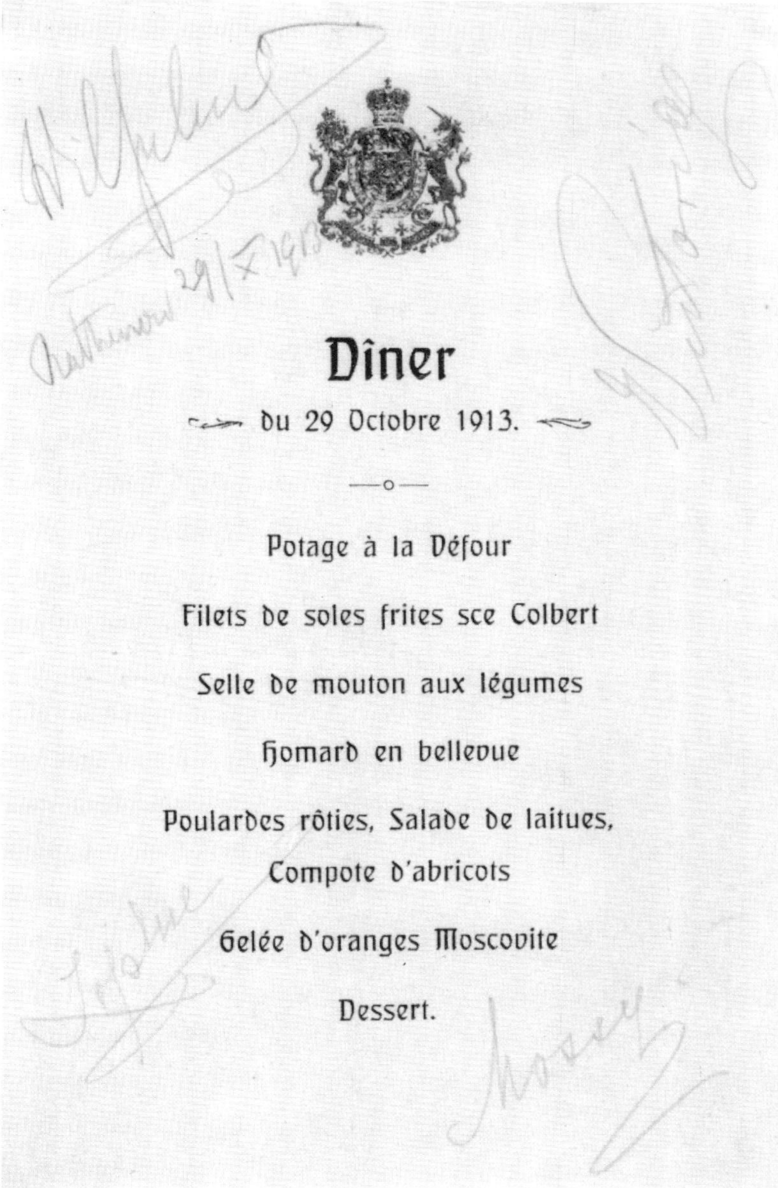

Rathenow 29/X 1913

Dîner

du 29 Octobre 1913.

—o—

Potage à la Défour

Filets de soles frites sce Colbert

Selle de mouton aux légumes

Homard en bellevue

Poulardes rôties, Salade de laitues,
Compote d'abricots

Gelée d'oranges Moscovite

Dessert.

An der Havel

Rathenow war die Garnison der Zieten-Husaren. Wir bezogen dort ein nettes Haus. Unser Hofstaat beschränkte sich auf den Adjutanten meines Mannes und dessen Gemahlin. Zu den Gästen, die uns in dieser Zeit besuchten, gehörten meine Eltern und meine Tanten Sophie (links oben) und Margarethe. Die Menü-Karte jenes Tages trägt ihre und meiner Eltern Unterschriften.

Husaren-Rittmeister

Wie für jeden Schwadronschef tickte auch für meinen Mann tagein, tagaus des Dienstes ewig gleichgestellte Uhr. Der Tagesablauf des jungen Rittmeisters unterschied sich in nichts von dem seiner Kameraden: Exerzieren, Geländedienst, Truppenübungsplatz.

In Braunschweig

Am 3. November 1913 trat mein Mann die Regierung im Herzogtum Braunschweig an. Es war zugleich der Tag unseres Einzuges. Die Bevölkerung bereitete uns einen enthusiastischen Empfang. Das Residenzschloß, nach dem 2. Weltkrieg abgerissen, war nun unser Zuhause.

Die kleine Residenz

Ich fand mich in der neuen Umgebung schon bald zurecht. Voll Begeisterung schrieb ich an meine Großtante Baden: »Wir sind namenlos glücklich hier im schönen, schönen Braunschweig. Alle Menschen erzeigen uns so viel Liebe«.

Oben: Am Tag des Einzuges.

Der Palisandersaal des Schlosses.

Der Thronsaal.

Im Herzogtum

Festlich geschmückt waren die Städte des Herzogtums, wenn wir unseren Einzug hielten: Ansprachen, Ehrenkompanien, Kinderchöre, Männergesangvereine.

Linke Seite oben: Begrüßung in Wolfenbüttel (neben meinem Mann Kreisdirektor Krüger und Minister Boden).
Linke Seite unten: Empfang in Blankenburg am Harz.

Unten: Das Schloß Blankenburg, zuvor Jagdschloß der braunschweigischen Herzöge, diente uns als Sommersitz.

Königliche Schauspiele.

Anfang **8** — **Opernhaus.** — Anfang **8**

Mittwoch, den 24. Januar 1912.

Auf Allerhöchsten Befehl:

Festvorstellung

zur Feier des zweihundertsten Geburtstages Weiland Seiner Majestät König Friedrichs des Großen.

Der große König.

Drei Bilder aus seinem Leben von Joseph Lauff.

Musik von Weiland Seiner Majestät dem König.

Für die szenische Aufführung eingerichtet von Josef Schlar.

Erstes Bild: **Rheinsberg.**

Der Kronprinz	Herr Clewing.	Algarotti } Vertraute des Kronprinzen	Herr Paris.
Oberst von Derschau, Generaladjutant des Königs	Herr Patry.	Knobelsdorff } Vertraute des Kronprinzen	Herr Stange.
Oberst von Rochow	Herr Pohl.	Das Fräulein von Beltheim	Fräulein Hempel.
von Keyserlingk } Vertraute des Kronprinzen	Herr Staegemann.	Das Fräulein von Walmoden	Fräulein Arnstädt.
von Fouqué } Vertraute des Kronprinzen	Herr Ballentin.	Das Fräulein von Schack	Fräulein Steinsieck.
		Die Oberhofmeisterin	Fräulein Urbanska.
		Meister Graun, Kapellmeister	Herr Henke.

Kavaliere. Damen.

Zweites Bild: **Hohenfriedberg.**

Der König	Herr Clewing.	von Saldern, Leutnant der Ziethenhusaren	Herr Werrack.
Graf Podewils, Premier-Minister	Herr von Ledebur.	Der Wachtmeister	Herr Arndt.
Graf Geßler, General	Herr Nesper.	Der Gefreite	Herr Winter.
von Winterfeldt } Obristen	Herr Mannstädt.	Der schwarze Husar	Herr Geisendörfer.
von Forkade } Obristen	Herr Kißler.	Der Grenadier vom Regiment Winterfeldt	Herr Paris.
von Seydlitz, Rittmeister	Herr Koch.	Der Feldscheer	Herr Ballentin.
von Lestwitz, Leutnant der Bayreuth-Dragoner	Herr Boettcher.		

Die Mannschaften des Piketts. Bayreuthdragoner. Generale. Obristen.

Drittes Bild: **Sanssouci.**

Der König	Herr Clewing.	Der Gärtner	Herr Kraußneck.
Graf Hertzberg, Minister	Herr Sommerstorff.	Der Gärtnerbursche	Fräulein Heisler.
von Lestwitz, Generalleutnant	Herr Zimmerer.	Strubsky } Heiduden	Herr Eggeling.
Graf Wartensleben, Flügeladjutant	Herr Werrack.	Neumann } Heiduden	Herr Paris.

Szenisch-dekorative Einrichtung: Herr Maschinerie-Direktor Brandt.

Dekorationen gemalt von den Herren Gebr. Kautsky, Königl. Hoftheatermaler.

Kostümliche Einrichtung unter Leitung des Herrn Hofrat Raupp und nach Figurinen des Herrn Maler Heil.

Möbel und Requisiten nach Zeichnungen des Königl. Dekorationsmalers Herrn Quaglio.

Nach dem 2. Bilde 15 Minuten Pause.

Ueber den größten Teil der Eintrittskarten zu der am 24. d. M. stattfindenden Festvorstellung ist Allerhöchst verfügt. Die für den 2. Rang zum Verkauf gelangten Eintrittskarten sind bereits vergriffen.

Anfang 8 Uhr. **Ende gegen 10 Uhr.**

Die Zeit der großen Jubiläen

Mit dem Jahr 1910 begann eine Reihe bedeutsamer Erinnerungsfeiern. Im Juli jenes Jahres jährte sich zum hundertsten Mal der Todestag der Königin Luise. Mein Vater schenkte der Stadt Hannover eine Nachbildung der von Gottfried Schadow geschaffenen Marmorgruppe der Königin und ihrer Schwester Friederike, der ersten hannoverschen Königin (oben).
Die 200. Wiederkehr des Geburtstages Friedrichs des Großen am 24. Januar 1912 wurde u. a. mit einer Festsitzung der Akademie der Wissenschaften im Berliner Schloß und einem Gottesdienst in der Potsdamer Garnisonskirche gedacht.

Linke Seite: Das Programm einer Festinszenierung im Opernhaus.

Hundertjahrfeier der Befreiungskriege

Auch das Jahr 1913 brachte große Jubiläen. Zum hundertsten Mal jährte sich der Befreiungskrieg gegen Napoleon, und mein Vater konnte auf 25 Regierungsjahre zurückblicken. In Königsberg, Breslau, Leipzig, Kelheim und andernorts fanden Jahrhundertfeiern statt.

Die Berliner Universität gedachte der Erhebung von 1813 mit einer Preußenfeier. Unten: Huldigung der Studentenschaft vor dem Denkmal Friedrich Wilhelms III.

Rechte Seite: Festakt in der Aula in Anwesenheit des Kaiserpaares. Den Festvortrag hielt der Historiker Dietrich Schaefer.

In Bayern

In der Befreiungshalle von Kelheim (oben) versammelten sich die deutschen Bundesfürsten zu einer gemeinsamen Gedenkfeier. Prinzregent Ludwig schloß seine Ansprache mit den Worten: »Festes Zusammenstehen zu Kaiser und Reich, das sei das feierliche Gelöbnis dieser Stunde.«

In Sachsen

In Leipzig wurde das Völkerschlacht-Denkmal durch den Kaiser und den König von Sachsen eingeweiht (oben). An der Feier nahm auch eine Abordnung der k.u.k. Armee teil (links).

Das 25. Regierungsjubiläum des Kaisers begann mit einem Morgenständchen der Berliner Schulkinder im Schloßhof.

Die Reichshauptstadt zeigte sich im Festschmuck. Von überall strömten Abertausende von Besuchern herbei.

Huldigungen für den Kaiser

Das deutsche Volk feierte das Regierungsjubiläum als ein nationales Ereignis. Berlin bot den Anblick eines riesenhaften Volksfestes. Die Landsmannschaften huldigten dem Kaiser in einer eindrucksvollen Kundgebung. Die Handwerker-Innungen veranstalteten einen endlos erscheinenden Festzug.
Hier: Die Bäcker und die Schornsteinfeger.

Rechte Seite: Vom Balkon über dem Mittelportal des königlichen Schlosses nahm mein Vater die Huldigungen entgegen (von links mein Mann, Oskar, der Kaiser, rechts neben mir Joachim).

Deputationen aus dem ganzen Reich

Die Bundesfürsten und die Präsidenten der Freien Städte erschienen zur gemeinsamen Gratulation. Die deutschen Städte entsandten ihre Oberbürgermeister. An einem Festakt in der Berliner Universität nahmen die Rektoren aller Universitäten teil. Das Jubiläumsprogramm nahm zwei volle Tage in Anspruch. Den Abschluß bildete die Galatafel im Schloß (links) und ein Fackelzug der Studentenschaft.

Die kaiserliche Familie 1913

Adolf zu Schaumburg-Lippe, Prinz Waldemar, Landgraf Friedrich Karl von Hessen, Herzogin Charlotte, Prinz Adalbert, Landgräfin von Hessen, Prinzessin Adolf zu Schaumburg-Lippe, meine

Eltern, Prinzessin August Wilhelm, Prinzessin Eitel-Friedrich, mein Mann und ich, Herzog Bernhard von Sachsen-Meiningen, Prinzessin Heinrich, Prinz Eitel-Friedrich, die Kronprinzessin, Prinz August Wilhelm, Prinz Oskar, Prinz Joachim.

Hamburg

Der Kaiser mit Albert Ballin, dem Generaldirektor der »Hamburg-Amerika-Linie«. Unten: Der in den Hamburger »Vulkan-Werken« gebaute Ozeanriese »Imperator«, damals eine Weltsensation.

Deutschland wurde Weltmacht

Ein bekannter Auslandskorrespondent in Berlin, F. W. Wile, schrieb damals: »Wilhelm II. feiert sein Silberjubiläum. Fünfundzwanzig Jahre haben das Reich auf den Gipfel nationaler Größe gebracht. Unter seiner regen Führerschaft hat das Vaterland in den friedlichen Künsten des Handels und des Gewerbes den ersten Rang erreicht. Weder eine frühere noch eine moderne Regierung weist eine so imponierende Entwicklung eines Volkes zu Einfluß und Macht auf«.
Unten: Stahlwerk der Firma Krupp.

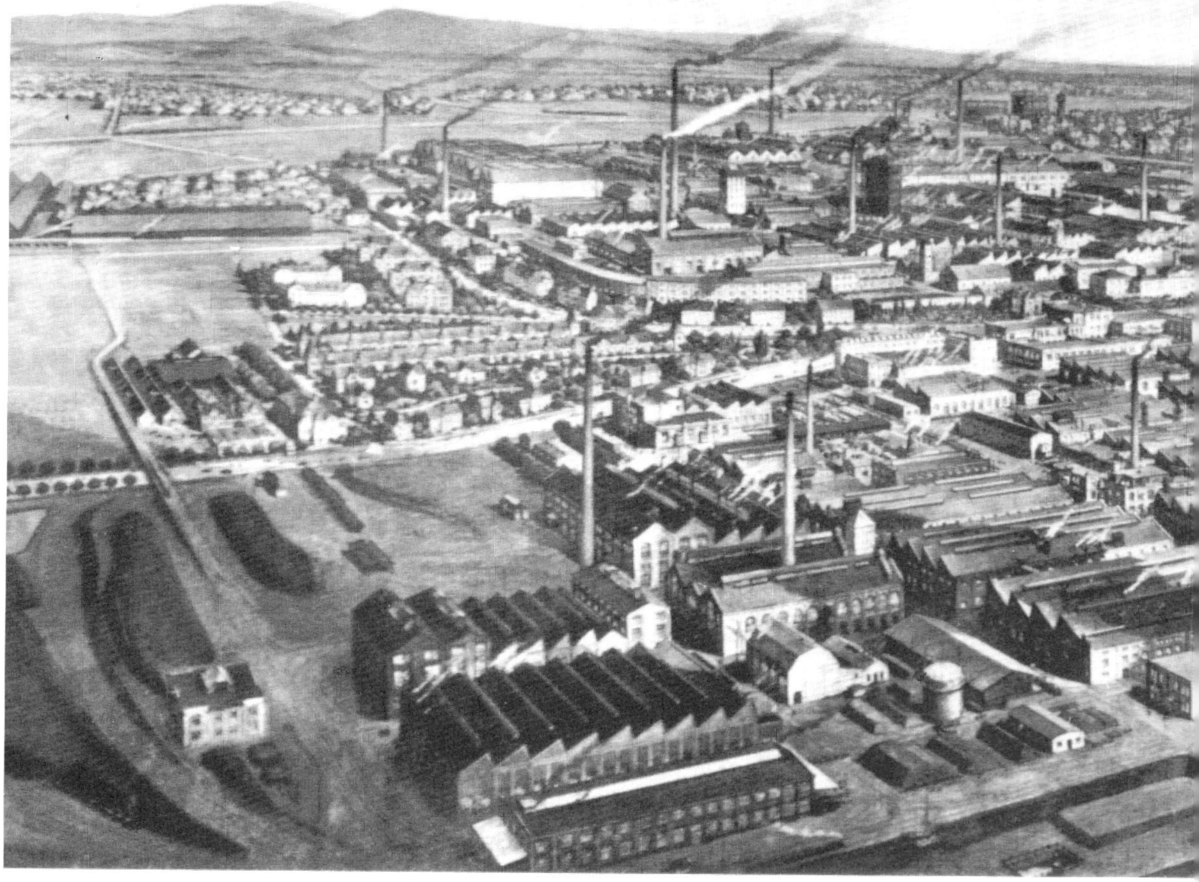

Eine gewaltige Entwicklung

»Erstaunlich und beredt«, schrieb Wile weiter, »sind die statistischen Forschungen über den riesenhaften Außenhandel des Reiches und die staunenswerte Erstarkung des Nationalvermögens, über die Entwicklung der Handelsmarine und über zahllose Errungenschaften auf den Gebieten der Wissenschaft und Industrie-Erfolge, die sich vereinigen, um den Namen ›Deutschland‹ gleichwertig mit Fortschritt und Macht zu machen.«
Oben: Die Farbwerke Hoechst im Jahre 1913.

Für wissenschaftliche Leistungen

Der königlich preußische Orden »Pour le mérite für Wissenschaften und Künste«. Er wird noch heute verliehen.

Die Kaiser-Wilhelm-Gesellschaft

1912 wurden in Berlin-Dahlem die Kaiser-Wilhelm-Institute für Chemie (unten) und für physikalische Chemie und Elektrochemie eingeweiht. Sie waren die ersten Einrichtungen eines Forschungsunternehmens, das bald zu den hervorragendsten der Welt zählte, der »Kaiser-Wilhelm-Gesellschaft zur Förderung der Wissenschaften«. Hier gelang Otto Hahn (rechts als »Einjähriger«) die Entdeckung der Kernspaltung. Max Planck (linke Seite), der Nachfolger Harnacks als Präsident der Gesellschaft, urteilte: »Einen wesentlichen Anteil an dieser erstaunlichen Entwicklung hatte das persönliche Interesse des Kaisers.« Otto Hahn ergänzte: »Ich weiß ja auch, daß der Kaiser dieses Interesse an den Forschungsinstituten bis zum Ende seines Lebens behalten hat.«

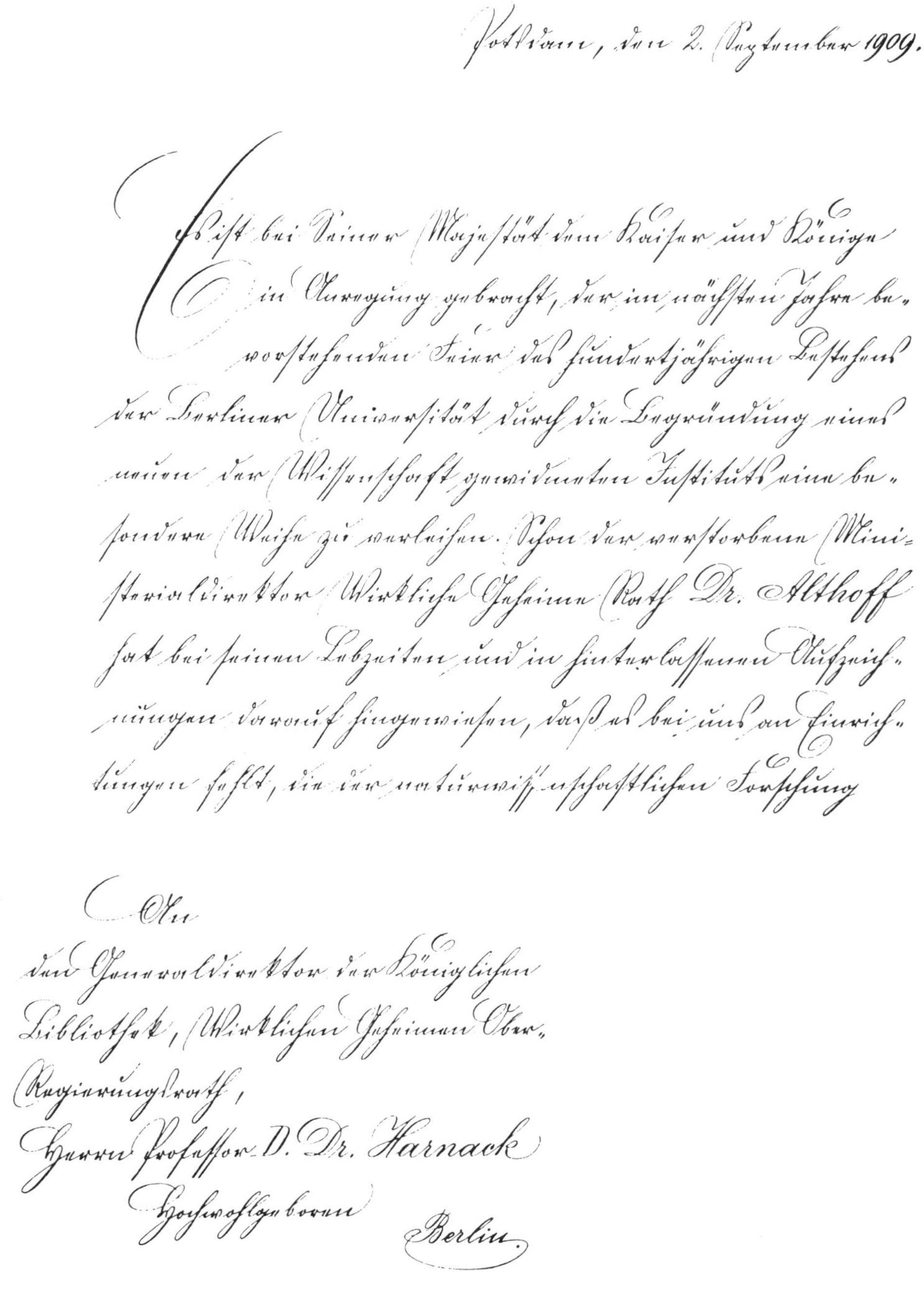

Potsdam, den 2. September 1909.

Es ist bei Seiner Majestät dem Kaiser und Könige in Anregung gebracht, die im nächsten Jahre bevorstehende Feier des hundertjährigen Bestehens der Berliner Universität durch die Begründung eines neuen der Wissenschaft gewidmeten Instituts eine besondere Weihe zu verleihen. Schon der verstorbene Ministerialdirektor Wirkliche Geheime Rath Dr. Althoff hat bei seinen Lebzeiten und in hinterlassenen Aufzeichnungen darauf hingewiesen, daß es bei uns an Einrichtungen fehlt, die der naturwissenschaftlichen Forschung

An
den Generaldirektor der Königlichen
Bibliothek, Wirklichen Geheimen Ober-
Regierungsrath,
Herrn Professor D. Dr. Harnack
Hochwohlgeboren
Berlin.

Der erste Schritt zur »Kaiser-Wilhelm-Gesellschaft«

Ein Schreiben v. Valentinis, Chef des Zivilkabinetts meines Vaters.

losgelöst vom Lehrbetriebe an den Universitäten Gelegenheit zur Bethätigung bieten. Er hat namentlich im Zusammenhange mit den Plänen zur räumlichen Ausnützung des Dahlemer Gebietes auf die Nothwendigkeit der Begründung solcher Institute für Naturforschung hingewiesen. Die Hundertjahrfeier der Universität scheint die erwünschte Gelegenheit zu bieten, diesen Gedanken der Verwirklichung näher zu führen. Vor weiteren offiziellen Schritten in dieser Angelegenheit wünschen Seine Majestät der Kaiser und König aber zunächst von Ew. Hochwohlgeboren ein Gutachten über die Frage zu erhalten, wobei Seine Majestät Ihnen die Zuziehung einiger Spezial-Sachverständiger anheimstellen.

Indem ich mich beehre, Ew. Hochwohlgeboren hiervon im Allerhöchsten Auftrage ganz ergebenst Mittheilung zu machen, füge ich eine Denkschrift über den Gegenstand bei, von deren Inhalt Seine Majestät beifällig Kenntniß zu nehmen geruht haben, und darf betonen, daß Allerhöchstdieselben die ganze Angelegenheit zunächst streng vertraulich behandelt zu sehen wünschen.

v Valentini.

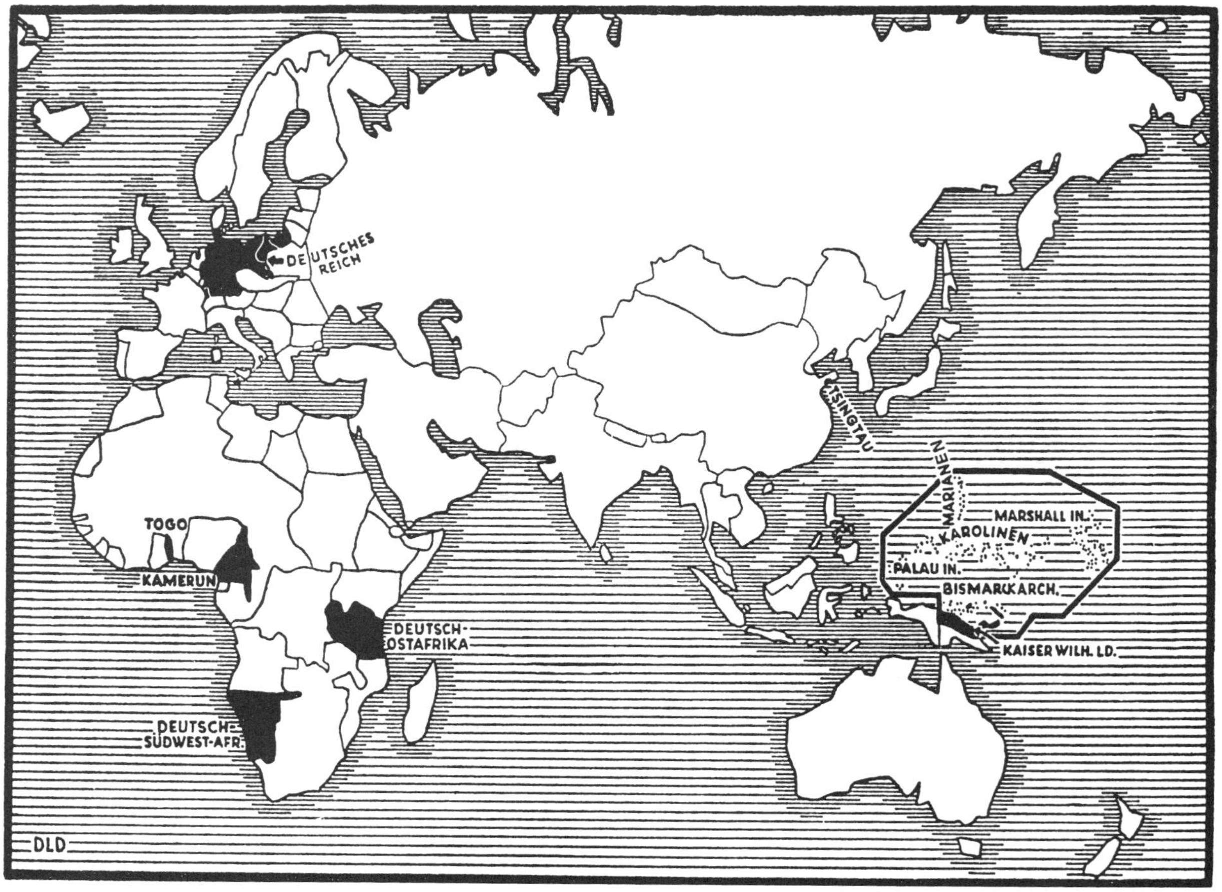

Das deutsche Kolonialreich

Die großen überseeischen Besitzungen Deutschlands wurden während der Kanzlerschaft Bismarcks erworben. Unter meinem Vater wurde die Aufbauarbeit tatkräftig vorangetrieben, und die wirtschaftliche Erschließung machte rasche Fortschritte. Bald schon begann der Strom der Rohstoffe nach Deutschland zu fließen.

Rechte Seite: Hissung der deutschen Flagge auf Samoa (1900).
Unten: Lome, die Hauptstadt von Togo.

In den Kolonien

Wesentlich für die Erfolge der deutschen Kolonialarbeit war die Mitarbeit der Eingeborenen. Sie brachten den Deutschen Vertrauen und Achtung entgegen. Bis in unsere Gegenwart lebt die Erinnerung an die deutsche Zeit vielerorts fort.

Linke Seite oben: Ein Siedlergehöft in Deutsch-Ostafrika.
Linke Seite unten: Eine Eingeborenen-Abteilung (Askari) der Schutztruppe in Daressalam.

Unten: Ein Stabsarzt der Schutztruppe impft Eingeborene in der Schule von Kilimatinde.

Das Jahr 1914 brach an

Unter der Neujahrspost fanden mein Mann und ich auch die Wünsche des englischen Königspaares (oben). König Georg übernahm auch die Patenschaft für unseren ersten Sohn, gemeinsam mit meinem Vater, Zar Nikolaus, Kaiser Franz Joseph, König Ludwig von Bayern und anderen Fürstlichkeiten. In der Patenliste spiegelte sich, es war wohl das letzte Mal, die Verbundenheit der großen europäischen Fürstenfamilie der alten Zeit.

Rechte Seite: Das Kaiserpaar beim Eintreffen zur Taufe in Braunschweig.

Die Taufe des Erbprinzen

Freudensalut der Feldartillerie verkündete den Braunschweigern die Geburt des Thronfolgers (linke Seite oben).
Die Taufhandlung wurde im altehrwürdigen Dom über der Gruft Heinrichs des Löwen vorgenommen. Unten der Galawagen mit dem Täufling.

Glanzvoller Abschluß der Festlichkeiten war eine Galavorstellung im Hoftheater, wie sie das untere Bild zeigt. (Es stellt allerdings die Gala-Oper am Tage des Regierungsantritts meines Mannes dar. In der vorderen Reihe rechts der braunschweigische Ministerpräsident Hartwieg.)

Frühsommer 1914

Die Freude meines Vaters an unserem Familienglück nutzte ich, um eine Bitte für meinen Bruder Oskar und meine Freundin Ina Marie Gräfin Bassewitz vorzubringen. Sie liebten sich seit Jahren. Aus Gründen der Ebenbürtigkeit war ihnen die Einwilligung zur Eheschließung versagt geblieben. Nun willigte mein Vater ein. Wenige Tage später konnten sie sich verloben (oben).

Im Anschluß an die Tauffeierlichkeiten fuhren mein Mann und ich nach München und nahmen an der Hundertjahrfeier des 1. Schweren Reiter-Regiments teil.

Links: Damen des Regiments mit Prinz Heinrich von Bayern während der Feier in der Hofreitschule.

In Begleitung von König Ludwig von Bayern.

In Begleitung von König Ludwig von Bayern.

Die Schüsse von Sarajewo

Im Juni weilte mein Vater auf Schloß Konopischt in Böhmen bei dem ihm befreundeten Erzherzog-Thronfolger Franz Ferdinand (linke Seite). Am Rande der politischen Gespräche konnte er wieder einmal die leuchtende Pracht der Blumenkulturen des Gutes bewundern. Wenige Tage darauf fielen die verhängnisvollen Schüsse von Sarajewo, geschah der Mord an dem Thronfolgerpaar. Unten: Die Aufbahrung der Särge in Triest während der Einsegnung durch den Erzbischof.

Der Krieg der Kabinette

Alle Bemühungen, einen Krieg zu verhindern, scheiterten. Am 30. Juli machte Rußland mobil. Am Tage darauf ließ der Kaiser den »Zustand drohender Kriegsgefahr« verkünden (unten). Wie ein Mann erhob sich das deutsche Volk. Eine ungeheure Begeisterung flammte auf. Die Parteien des Reichstages bewilligten einmütig die Kriegskredite. Rechte Seite: Wieder nahm mein Vater vom Balkon des Schlosses die stürmischen Huldigungen entgegen. Aber ihm war nicht nach Jubel zumute. Der Erste Weltkrieg war ein Krieg der Kabinette, nicht der Monarchen.

Die historische Reichstagssitzung vom 4. August 1914.

Mobilmachung

Der Kaiser ordnete die allgemeine Mobilmachung an. Alles eilte zu den Fahnen. Arbeiter, Kaufleute, Schüler und Studenten – aber nicht nur sie – meldeten sich freiwillig.

Linke Seite: Meine Mutter beim Abschied vom 1. Garde-Regiment zu Fuß.

Vor dem Reichstagsgebäude scharten sich viele Tausende um Hofprediger Doehring zu einem Bittgottesdienst.

Regentin

Mein Mann rückte beim X. Armee-Korps ein. Ganz Braunschweig nahm bei seiner Abfahrt von ihm Abschied (oben). Als Meldeoffizier bei General v. Emmich marschierte der Herzog mit in Belgien und Frankreich ein. Ich bangte um meinen Mann wie alle anderen Kriegsfrauen auch. Zu dieser Sorge trat noch die Verantwortung, die ich für das Herzogtum zu tragen hatte. Mein Mann hatte mich als Regentin eingesetzt.

Extrablatt.
Pro Stück 5 Pfg. zu Gunsten des Roten Kreuzes.

Neueste Nachrichten

Braunschweig.

Braunschweig, den 6. August 1914, 7 Uhr 30 Min. abends.

Uebernahme der Regentschaft durch die Herzogin.

Von Gottes Gnaden, Wir, **Ernst August**, **Herzog zu Braunschweig und Lüneburg usw.**, fügen hiermit zu wissen, daß Wir Uns bewogen gefunden haben, für die Zeit Unserer Abwesenheit im Kriegsfalle oder bei sonstiger Behinderung Unsere vielgeliebte Gemahlin **Viktoria Luise**, Herzogin zu Braunschweig und Lüneburg, Prinzessin von Preußen, Königliche Hoheit, zu Unserem Stellvertreter in der Regierung des Herzogtums zu ernennen.

Urkundlich Unserer eigenhändigen Unterschrift und beigedruckten Herzoglichen Geheime Kanzlei-Siegels.

Braunschweig, den 31. Juli 1914.

(L. S.) **Ernst August.**

C. Wolff. Boden.

Der Herzog, Mein geliebter Gemahl, hat sich zur Armee begeben, um gegenüber dem großen Vaterlande die Pflicht zu erfüllen, die für alle Deutsche, vom Fürsten bis zum schlichtesten Manne, die höchste und schönste ist.

Mir ist laut Verordnung meines Gemahls die ernste Aufgabe zugewiesen, während der Abwesenheit des Herzogs in Seiner Vertretung die Regierung des Herzogtums zu führen. Indem ich diese Vertretung hiermit übernehme, versichere Ich bei Meinem fürstlichen Worte, daß ich bei der Stellvertretung die Landesverfassung in allen ihren Bestimmungen beobachten, aufrecht erhalten und beschützen werde.

Ich weiß gleich dem Herzoge, daß alle Braunschweiger und alle sonstigen Bewohner des Herzogtums die äußersten Kräfte aufbieten werden, um das Vaterland zum glücklichen Ziele zu führen. Wir Beide wissen, daß auch die Regierung und die Wohlfahrt des Herzogtums bei Jedermann hingebende und aufopfernde Hilfe und Stütze finden wird. Ein Jeder wird das eigene Geschick dem großen Ziele freudig unterordnen.

So wird sich deutsche Treue nach allen Richtungen unvergleichlich und unvergeßlich bewähren.

Das walte Gott!

Urkundlich Meiner eigenhändigen Unterschrift und beigedruckten Herzoglichen Geheime Kanzlei-Siegels.

Braunschweig, den 6. August 1914.

(L. S.) **Viktoria Luise.**

C. Wolff. Boden.

Sieg auf Sieg

Unsere Truppen kämpften bewunderungswürdig. Im Westen fielen die feindlichen Festungen unter dem Beschuß der schweren Artillerie (unten) und dem heldenhaften Ansturm unserer Soldaten. Hunderttausende Russen gerieten im Osten in Gefangenschaft (unten rechts). Mein Mann schrieb mir: »Dieser furchtbare Siegestaumel, den man in den Zeitungen liest, ist nicht angenehm. Die Verluste in so einer gewonnenen Schlacht sind immer so groß und dazu noch die Verwundeten. Das zwingt, ernst zu bleiben.«

Mein Bruder Oskar als Regimentskommandeur der Liegnitzer Königsgrenadiere bei der Erstürmung der Maashöhen bei Verdun.

Kriegszeit

Alle meine Brüder standen im Felde. Der Kronprinz (unten) befehligte die 5. Armee. Eitel-Friedrich (links) war Kommandeur des 1. Garde-Regiments zu Fuß und später der 1. Garde-Division.

1916 übernahmen die Sieger von Tannenberg, Feldmarschall v. Hindenburg und General Ludendorff, die Oberste Heeresleitung. Unser Volk erwartete von ihnen den Sieg. Rechte Seite oben im Großen Hauptquartier in Pless: Hindenburg, der Kaiser, Bethmann Hollweg, der König von Bayern, Ludendorff.

Einen Teil des Braunschweiger Schlosses ließ ich als Lazarett einrichten (unten).

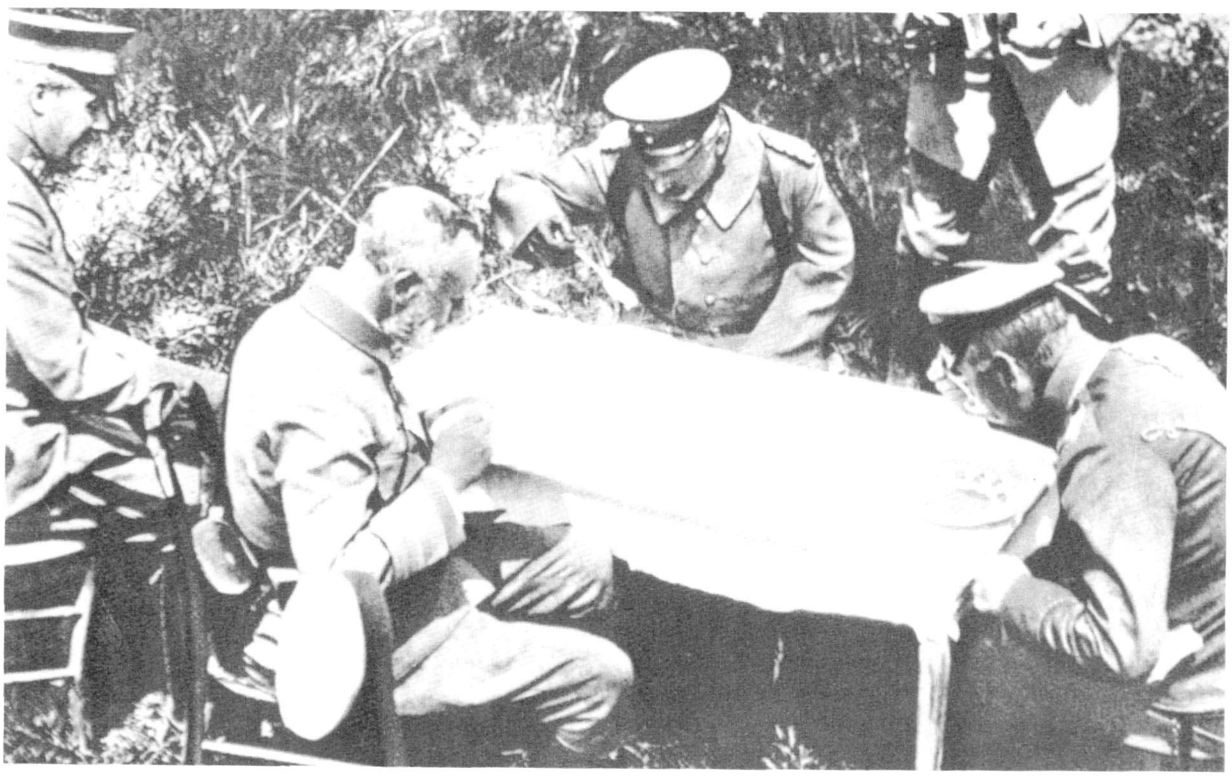

Der Kaiser im Kriege

Mein Vater war überzeugt, daß der Krieg von den Regierungen Rußlands, Frankreichs und Englands geplant worden war, um Deutschlands Machtstellung zu vernichten. Die Übermacht der Gegner bereitete ihm vom ersten Tage an quälende Sorgen. Auf die Politik des Reiches und die militärische Führung des Krieges hatte er nur begrenzten Einfluß. Die Grenzen zog die Verfassung. Die hier wiedergegebenen Bilder des Kaisers aus der Kriegszeit bedürfen, so glaube ich, keiner Erläuterung.

Der Krieg wurde zur Materialschlacht. Die Kriegserklärung der USA brachte die Wende. Verzweifelt verteidigte sich unser Heer.

Die Revolution brach aus

Ein Teil der Flotte meuterte. Schnell breitete sich der Brand der Revolution in dem unter Not und Entbehrung schwer leidenden Lande aus. Berlin und das königliche Schloß wurden Kampfschauplatz. Die Republik wurde ausgerufen.

Der Kaiser und...

In Eysden überschritt der Kaiser am 10. November 1918 die holländische Grenze. Er folgte dem Verlangen Feldmarschalls v. Hindenburg. Am Vortage hatte er in einem Brief an meine Mutter geschrieben: »So verlasse ich auf seinen Rat das Heer.« Und wenige Tage später schrieb er noch deutlicher: »Der Feldmarschall schickte mich weg.«

… der Feldmarschall

Der Feldmarschall, der den Sieg nicht hatte erringen können, führte das Heer in die Heimat zurück. Das Bild zeigt ihn im Dezember 1918 in Kassel. Es bedurfte jahrelanger Bemühungen, ehe sich Hindenburg zu seiner persönlichen Verantwortung am Übertritt des Kaisers in das neutrale Ausland bekannte.

Ein Dokument aus den Tagen des Zusammenbruchs

Die Revolution überraschte meine Mutter im Neuen Palais. Von dort schrieb sie mir am 11. November den nebenstehend abgebildeten Brief, aus dem oben links Initialen und Krone ausgeschnitten waren. Er erreichte mich auf vielen Umwegen. Sein Inhalt lautete:

»Mein armes Kindchen

Ich hoffe, die Zeilen erreichen Dich. Ich wollte Dir nur einen Gruß schicken da ich Dich nicht mehr gesehen habe. Du hast auch Dein Heim aufgeben müssen u. Euer Land verlassen. Aber Du hast alles was Du liebst um Dich! Gott behüte Dir Deine Lieben, Mann und Kinder und laß es nicht zu viel werden für Deine geschwächte Gesundheit. Jetzt ist über den armen Papa nach 4 schweren Kriegsjahren die Kriegswelle hinweggerollt. Ich bin noch hier im alten Heim, auf wie lange? Ein Teil meiner Jungen, einige Schwiegertöchter u. Enkel umgeben mich in diesen Tagen und wie gut tut mir ihre Liebe. Gott lohne es ihnen! Ich sorge mich so um den geliebten Papa! So allein u. so unglücklich, ich nicht bei ihm, um ihm tragen zu helfen. Er, der immer nur das Beste, Edelste fürs Vaterland gewollt und getan hat, dass Gott dies zuliess, es ist zu namenlos.

Gott schütze Dich mein Kind, sei glücklich in der Liebe Deines Mannes, den Du von mir grüßen mußt, sag ihm, ich wüßte Dich bei ihm geborgen, dafür danke ich ihm. 37jährige glückliche Ehe habe ich neben Papa verlebt, denn wenn auch die Kriegsjahre schwer waren, so hatte ich ihn doch manchmal bei mir und jetzt ihn im Ausland allein zu wissen, bricht einem fast das Herz. Die Liebe unseres Volkes ist noch vorhanden, aber die Menschen sind jetzt betört, viele Beweise der Liebe erhielt ich in den letzten Wochen – Die Liebe meiner Söhne und ihrer Frauen trägt mich. Gott wolle mich noch einmal mit Papa wieder vereinen.

Deine tieftraurige Mutter

Ich war wohl manchmal scharf mit Dir mein Kindchen, aber die Liebe war und ist noch größer. Gruß an Poll und die Kinder. Gott gebe, dass wir uns im Leben noch einmal wiedersehen!«.

N. Palais 11 Nov. 1918.

Amerongen und Doorn

Erste Zuflucht fand mein Vater in Amerongen beim Grafen Bentinck. Meine Mutter folgte ihm ins Exil. Linke Seite oben: Ein Bild aus der Ameronger Zeit.
Unten: Der Kronprinz während seiner Internierung auf der Insel Wieringen.

1920 konnte mein Vater Haus Doorn kaufen, das sein endgültiger Wohnsitz wurde (unten).
Rechts: Ein Bild meines Vaters aus den ersten Jahren in Doorn.

Eine der letzten Aufnahmen meiner Mutter

Die Kaiserin mit Prinz Franz Joseph, dem Sohn meines Bruders Joachim, in Doorn.

Der Tod der Kaiserin

Die seelischen Belastungen des Krieges und seiner Folgen hatten die Gesundheit meiner Mutter sehr angegriffen. Mein Vater schrieb mir schon aus Amerongen: »Sie leidet namenlos unter allem, und ihr Zustand macht mich manchmal ganz verzweifelt.« Am 11. April 1921 erlag meine Mutter ihren Leiden. In ganz Deutschland trauerte man um die geliebte Kaiserin. Unübersehbar war die Menge der Trauernden, als die Kaiserin im »Antikentempel« beim Neuen Palais beigesetzt wurde.

Leben im Exil

Das Leben in Doorn trug den Stempel des Exils. Zwar kamen Besucher aus dem In-und Ausland, gab es einen kleinen Hofstaat, dessen Mitglieder ehrenamtlich Dienst versahen und sich hierin ablösten – aber es blieb Exil.
Ständigen Dienst versah Major Sigurd v. Ilsemann (oben zwischen dem Kaiser und Prinz Alexander von Preußen). Er hatte sich mit der Gräfin Bentinck verheiratet und wohnte in Amerongen. Wir kannten ihn als einen dienstbeflissenen, wenn auch kränkelnden Adjutanten. Niemand von uns wußte, daß er ein Tagebuch führte, über das er selbst sagte: »Auch bin ich mir wohl bewußt, daß ich oft viel zu viel schreibe, vor allem vielen Klatsch, aber das ist nur für mich und die allernächste Zeit gedacht, wenn ich vielleicht nach diesem oder jenem gefragt oder zur Verantwortung gezogen werden sollte.« Ilsemann beging Selbstmord. Angehörige veröffentlichten seine Tagebücher.

Linke Seite oben: Die Ozeanflieger Köhl, Fitzmaurice und Freiherr v. Hünefeld in Doorn. Unten: Veteranen besuchen den Kaiser.

Im Kreis der Familie

Mein Vater mit seiner zweiten Gemahlin bei der Erledigung der täglichen Post. Rechte Seite oben: Ständchen einer holländischen Kapelle zum 80. Geburtstag.

Hochzeit von Prinz Louis Ferdinand und Prinzessin Kira in Doorn.
Prinz Bernhard der Niederlande, die Kronprinzessin, der Kaiser, Kaiserin Hermine, Prinzessin und Prinz Adalbert, Prinz Friedrich, Großfürst Wladimir von Rußland, das Brautpaar, Großfürst Kirill von Rußland, Kronprinzessin Juliane, Prinzessin Cecilie.

An frischen Gräbern

Oben: 1940 geriet Doorn in das Kriegsgeschehen. Mein Vater wurde interniert. Die Wehrmacht drang vor. Viele deutsche Offiziere und Soldaten kamen, um den Kaiser zu begrüßen. An den frischen Gräbern gedachte mein Vater der Gefallenen beider Nationen.

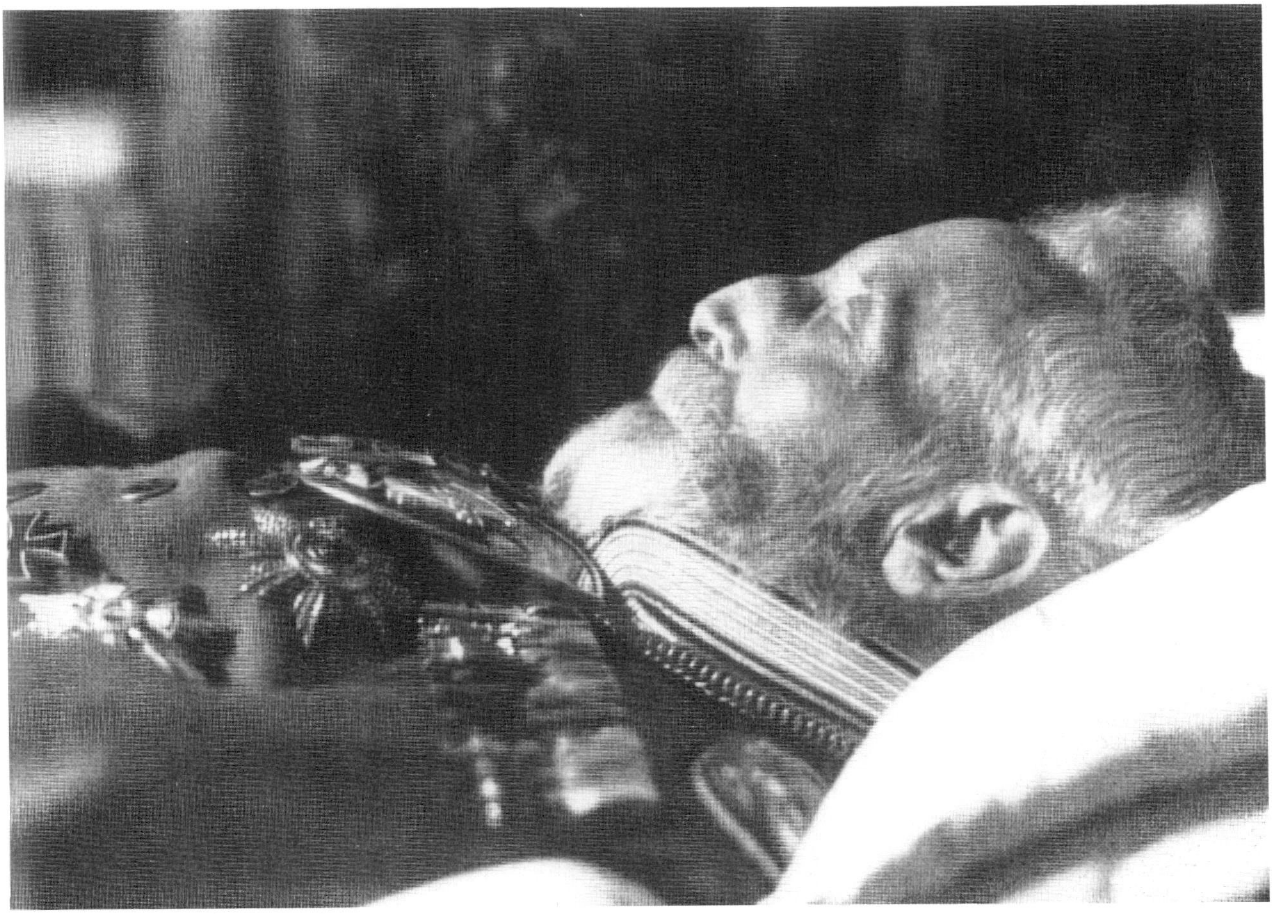

Ein Jahr darauf erkrankte mein Vater. Es gab kaum Hoffnung. Stunde um Stunde saß ich an seinem Bett, mit seiner Gemahlin und meinem Neffen Louis Ferdinand. Über dem Bett hing Lenbachs Bild meiner Mutter. Die Nacht verging. Am späten Vormittag des neuen Tages trat der Tod ein.

Halbmast

Am Portal von Haus Doorn ging die preußische Königsflagge auf Halbmast. An einem strahlenden Sonnentag wurde mein Vater beigesetzt. Ein Ehrenbataillon der Wehrmacht aus drei Kompanien des Heeres, der Kriegsmarine und der Luftwaffe marschierte auf.

Die letzte Parade

Im Park von Doorn

Der Park, durch den sich der Trauerzug bewegte, glich einem einzigen Blütenmeer von Flieder und Rhododendron. Vor dem Trauergefährt schritt Hofprediger Doehring, der meinem Vater über Jahrzehnte hinweg Seelsorger und treuer Freund gewesen war.

Auch der greise Feldmarschall v. Mackensen war gekommen (rechts an der Seite des Kronprinzen und meines Neffen Wilhelm Karl). Nie werde ich vergessen, wie er die kleine Kapelle betrat, an der Schwelle langsam den Marschallstab zu einer letzten Ehrenerweisung erhob, dann vor dem Sarg seines Obersten Kriegsherren in die Knie sank und sich, jede Hilfeleistung zurückweisend, seinen Säbel als Stütze nehmend, mühsam wieder aufrichtete.

Unter Trommelwirbel und der Retraite wurde der Sarg beigesetzt. Ehrensalven erdröhnten. Das Bataillon marschierte ab. In der Ferne verklang der Yorcksche Marsch.

STAMMTAFEL HAUS HANNOVER

Georg Ludwig (1660–1727)
Kurfürst v. Hannover, 1714 König Georg I. v. England
⚭ Sophie Dorothee
v. Braunschweig-Celle (1666–1726)

Georg II. (1683–1760)
⚭ Caroline v. Ansbach (1683–1737)

Friedrich Ludwig (1707–1751)
Prinz v. Wales
⚭ Augusta v. Sachsen-Coburg (1719–1772)

Georg III. (1738–1820)
⚭ Charlotte Sophie
v. Mecklenburg-Strelitz (1774–1818)

Georg IV. (1762–1830)
⚭ Caroline
v. Braunschweig

Wilhelm IV. (1765–1837)
⚭ Adelheid
v. Sachsen-Meiningen

Eduard,
Herzog v. Kent
(1767–1820)
⚭ Viktoria
v. Sachsen-Coburg
(verw. Prinzessin
v. Leiningen)

Ernst August,
Herzog
v. Cumberland,
König v. Hannover
(1771–1851)
⚭ Friederike
v. Mecklenburg-
Strelitz

Viktoria, Queen
(1819–1901)
⚭ Albert
v. Sachsen-Coburg
(1819–1861)

Eduard VII.
(1841–1910)
⚭ Alexandra
v. Dänemark
(1847–1925)

Victoria,
Princess Royal
(1840–1901)
⚭ Friedrich III.,
Deutscher Kaiser
(1831–1888)

Alice
(1843–1878)
⚭ Ludwig IV.
v. Hessen
(1837–1892)

Alfred, Herzog
v. Edinburgh
(1844–1900)
⚭ Marie
v. Rußland
(1853–1920)

Helene
(1846–1923)
⚭ Christian
v. Schleswig-
Holstein
(1831–1917)

Louise
(1848–1939)
⚭ John
Campbell,
Herzog
v. Argyll
(1845–1914)

Arthur,
Herzog
v. Connaught
(1850–1942)
⚭ Luise
Margarete
v. Preußen
(1860–1917)

Leopold,
Herzog
v. Albany
(1853–1884)
⚭ Helene
v. Waldeck
(1861–1922)

Beatrice
(1857–1944)
⚭ Heinrich
v. Battenberg
(1858–1896)

Georg V.,
König
v. Hannover
(1819–1878)
⚭ Marie
v. Sachsen-
Altenburg
(1818–1907)

Ernst August,
Herzog
v. Cumberland
(1845–1923)
⚭ Thyra
v. Dänemark
(1853–1933)

Ernst August,
Herzog zu
Braunschweig
u. Lüneburg
Prinz
v. Hannover
(1887–1953)
⚭ Viktoria Luise
v. Preußen
(1892–1980)